태라의 점성학 2

| 행운의 별 |

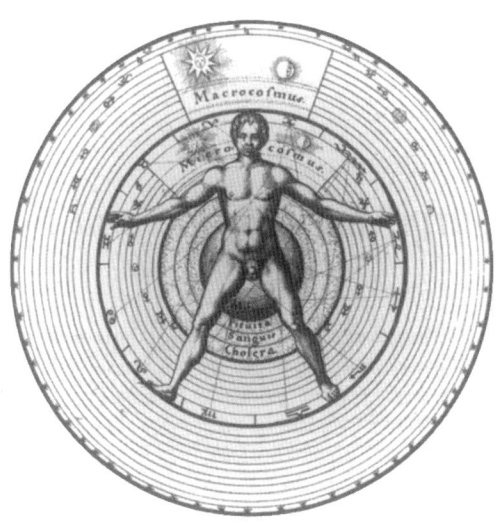

태라의 점성학 2
행운의 별

초판 1쇄	2016년 07월 07일
2쇄	2019년 11월 25일
지은이	태라 전난영
발행인	김재홍
편집장	김옥경
디자인	박상아, 이슬기
마케팅	이연실
발행처	도서출판 지식공감
등록번호	제396-2012-000018호
주소	경기도 고양시 일산동구 견달산로225번길 112
전화	02-3141-2700
팩스	02-322-3089
홈페이지	www.bookdaum.com
가격	27,000원
ISBN	979-11-5622-194-4 14160
SET ISBN	979-11-5622-188-3 14160
CIP제어번호	CIP2016015116

이 도서의 국립중앙도서관 출판도서목록(CIP)은 서지정보유통지원시스템 홈페이지(http://seoji.nl.go.kr)와 국가자료공동목록시스템(http://www.nl.go.kr/kolisnet)에서 이용하실 수 있습니다.

ⓒ 태라 전난영 2016, Printed in Korea.

- 이 책은 저작권법에 따라 보호받는 저작물이므로 무단전재와 무단복제를 금지하며, 이 책 내용의 전부 또는 일부를 이용하려면 반드시 저작권자와 도서출판 지식공감의 서면 동의를 받아야 합니다.
- 파본이나 잘못된 책은 구입처에서 교환해 드립니다.
- '지식공감 지식기부실천' 도서출판 지식공감은 창립일로부터 모든 발행 도서의 2%를 '지식기부 실천'으로 조성하여 전국 중·고등학교 도서관에 기부를 실천합니다. 도서출판 지식공감의 모든 발행도서는 2%의 기부실천을 계속할 것입니다.

태라의 점성학 2

| 행운의 별 |

태라 전난영 지음

지식공감

서문

인생 프로그램을 해킹하는 점성학

　점성학은 인생 프로그램을 해킹하는 것과 같다. 암호는 생년월일시(生年月日時)이다. '생년월일시'라는 암호를 통해 태어날 당시의 별자리 위치를 확인한 후, 각각의 별들이 어떻게 배치되어 있고 어떻게 각을 맺느냐에 따라 천궁도 주인의 인생 프로그램은 달라진다.

　신은 인간을 일일이 빚어서 특정 성격의 영혼을 불어넣었다기보다는, 별자리 배치를 통해 시와 때를 정하고, 특정 성격과 기질을 만들어 탄생되도록 일종의 프로그램화를 시켜놓았다. 즉, 이 우주는 신이 만든 거대한 프로그램으로 움직이고 있는 것이다.
　특정 시점에 특정한 인물을 지구로 내려보낼 때는 그 시대의 역할과 사명에 맞는 캐릭터를 위해, 오랜 시간을 기다려 특정 별자리 구조가 딱 맞아떨어질 때 지구로 영혼을 내려보낸다. 그래서 때와 시를 정하는 것은 신의 일 중에서 가장 중요한 작업의 하나이다.

　천궁도(天宮圖)를 살펴보는 것은 출생 차트 주인의 인생 프로그램을 살펴보는 것과 같다. 출생 차트를 살펴보는 것은 마치 프로그램을 해킹하듯, 천궁도 주인의 인생 안으로 들어가 아직 활성화되지 않은 프로그램을 살펴보는 것과 같다. 아직 활성화되지 않은 판도라 상자를 여는 것처럼…….

그 프로그램은 00년 00월 00시 00분 00초에 활성화되도록 되어 있다. 활성화되는 사건은 카르마적 사건이기도 하다.

사람은 누구나 한두 개씩의 카르마를 갖고 태어난다. 카르마는 전생에 풀지 못한 사건을 이번 생에 다시 세팅하여 재현하는 것과 같다. 이번 생에는 어떻게든 그에 대한 문제를 풀어야만 카르마가 해소된다. 카르마란 인생의 모순이며 인연과 인연이 만들어낸 얽힌 실타래와 같은 것으로, 얽혀 있던 실을 다시 풀어서 제대로 감는 것에 비유할 수 있다.

사람마다 타고난 카르마는 다 다르다. 어떤 사람은 부모 카르마, 부부 카르마, 자식 카르마, 질병 카르마, 직장 카르마, 이성 카르마 등등 자신이 넘기 힘든 부분이 반드시 존재하기 마련이다. 살면서 어떤 사람은 부모가 가난하여 가난을 체험하면서 사는 사람도 있고, 어떤 사람은 부부관계가 좋지 못해 이혼을 하는 경우 등 사람마다 제각각 사연도 다르고 인생도 모두 다르다.

카르마는 어느 것이 좋다 나쁘다 할 수 없다. 각각의 카르마는 그 당사자에게는 절실하기 때문이다. 카르마는 자기 인생의 장애물처럼 느껴지기도 하지만, 자신을 성장시키는 도구이다. 각자 자신에게 할당된 카르마 프로그램은 본인이 전생에 남겨온 숙제이다. 즉, 카르마란 영혼의 짐과 같은 것으로 반드시 넘어야 할 영혼의 숙제이며, 영혼 성장을 위한 문턱이라고 표현할 수 있다.

이처럼 자신이 지구에서의 탄생한 목적은 본인의 프로그램 활성화로 시작된 체험을 통해 깨달음을 얻으라는 것이다. 깨달음은 개인마다 그 종류와 방법이 다르며, 각자의 카르마에 따라 달리 체험되고, 또한 각자의 시간이 존재한다.

지금 아무것도 안 하고 있다 해서 조급해할 필요는 없다. 아직 그대의 시간이 도래하지 않았기 때문이다. 생각이란 물처럼 차서 넘쳐야 현실화가 되는 법이다. 생각의 농도가 70퍼센트 이상은 차올라야 조금씩 현실화가 이루어지기 시작한다.

우리는 지구에 태어난 이상, 하나씩의 미션을 가지고 내려온다. 지구란 곳은 영혼의 미션을 완수하는 훈련소와 같은 곳이다. 천궁도로 아무리 좋은 출생 시간을 찾으려 해도, 한 가지씩의 걸림돌은 가질 수밖에 없다. 이것이 우리가 지구에서 각자 풀어야 하는 숙제인 것이다.

'카르마'란 산스크리트어로 'karma', 불교에서는 '업(業)'이라고 한다. 원인에 대한 결과가 현생에 드러나는 것이 업이며, 전생의 과오를 현생에 치르는 것을 말하기도 한다. 또한 부모로부터 이어져 온 습(習) 내지는 유전자 패턴을 이야기하기도 한다.

부모의 카르마는 자식이 그대로 이어받는다. 부모의 기질이나 성격이 자식에게 이어지고, 비슷한 기질이나 성격은 선택의 상황에서 부모와 비슷한 운명의 길을 걷게 한다. 반복되는 행위는 비슷한 결과를 초래하게 되어 있다.

점성학적 카르마란, 육상경기 허들 레이스(hurdle race) 중간중간에 놓여 있는 허들과 같다. 12천궁도에 놓여 있는 행성들은 마치 허들처럼 작용한다. 일종의 장애물이지만 한번 뛰어넘은 허들은 그 다음번에 넘을 땐 수월하다. 한번 경험해 보았기 때문에 경험이 생기고 연륜이 생기는 것이며, 가늠할 수 있기 때문에 쉽게 넘을 수 있는 고개가 되는 것이다.

인생이란, 고개를 끊임없이 넘는 것과 같다. 12천궁도에는 본인이 겪어야 할 카르마가 나타나 있다. 카르마의 종류는 인간 개개인마다 다르지만 일정한 패턴이 있다.

- 본인의 신체적, 성격적 결함에서 오는 카르마
- 재물과 관련된 카르마
- 형제나 이웃·친척과 관련된 카르마
- 부모와 가문 그리고 가정환경에서 비롯된 카르마
- 자식과 관련된 카르마
- 직장이나 질병에 의한 카르마
- 배우자 혹은 동업자에 의한 카르마
- 타인의 재산과 관련된 카르마

- 정신적 광기나 종교적 광기와 관련된 카르마
- 권력과 지위를 얻고자 하는 욕망의 카르마
- 그룹이나 조직 혹은 친구와 관련된 카르마
- 감금, 은폐, 비밀과 관련된 카르마

수많은 사건 사고들은 이 카르마로부터 발생되는 인과응보(因果應報)의 결과물이다. 예를 들어, 재물 관련 카르마가 있는 사람들은 재물로 인해 크게 망하고 크게 흥하는 코드를 가지고 있다. 자신의 모든 상황과 자신의 의식이 재물에 꽂혀 있기 때문에 어떻게든 재물과 관련된 행위를 하고자 하고, 또 재물과 관련된 인연을 끌어들이게 되어 있다.

각각의 카르마에는 카르마의 인연(因緣)이 기다리고 있다. 카르마의 인연은 자신을 가장 힘들게 하지만, 자신을 성장시키는 스승이기도 하며, 행위를 촉발시키는 촉매제이다. 이런 카르마는 마음 에너지와 긴밀히 연결되어 작용한다. 마음 에너지는 하나의 본드처럼 사람과 사람을 연결시키는 촉매제이다. 카르마 관련 글들은 나의 '지혜와 통찰의 서 시리즈 1·2·3권'에서 자세히 다루었으니 참고하길 바란다.

『태라의 점성학 2』에서는 천궁도의 코드를 푸는 방법에 대해 설명할 것이다. 천궁도에 대한 설명과 더불어 12궁과 10행성의 분류방법에 대해 알아보고, 10행성을 비롯한 소행성과 가상점을 살펴보고 난 뒤, 점성학에서 가장 중요한 시간에 대해 이야기하고자 한다.

'태라의 점성학'은 선대 점성가들이 구축해놓은 사상을 최대한 이해하기 쉽도록 풀어서 설명해놓았음을 밝혀둔다. 수많은 점성가들의 노력이 있었기에 이 책이 나오게 되었고, 그분들께 무한한 감사의 인사를 전한다.

점성학이라는 도구는 자기 인생을 살펴보는 도구이다. 물론 점성학이라는 학문은 신의 프로그램을 잠시 엿볼 수 있는 정도의 도구에 불과하지만, 자기 인생이 도저히 이해가 안 될 때, 자신에 대해 궁금할 때, 조금이나마 자신을 이해시켜주는 도구가 될 수 있을 것이다. 또한 인생을 깨닫기 위한 하나의 지표로 쓰인다면 더 큰 의미가 있을 것이다.

— 태라 전난영 —

contents

서문 인생 프로그램을 해킹하는 점성학 · 4

Chapter 1 12궁과 10행성의 분류법

01 별자리 19
북극성과 북두칠성 / 오리온 / 시리우스 / 플레이아데스

02 원소별 분류 26

03 음양의 분류 31
천궁도의 음양 구분 / 행성별 음양 구분 / 화성 / 금성 / 수성 / 목성 / 토성

04 움직임별 분류 38

05 기질별 분류 41
다혈질 / 담즙질 / 우울질 / 점액질 / 기질별 생김새 / 각 궁의 4체액 기질

06 색상별 분류 48

07 인체 상응 50

08 4방위와 달 모양 51
천궁도 방위 / 달 모양

09 하우스별 분류 56
앵귤러 하우스 / 석시던트 하우스 / 케이던트 하우스

10 네 개의 모서리 59
상승점(AC) / 천정점(MC) / 천저점(IC) / 하강점(DC)

Chapter 2 각과 행성

01 각   67

02 각의 종류   69
합 / 육각 / 삼각 / 사각 / 충 / 기타 보조각

03 각과 행성의 영향력   78
천정점과 행성 / 상승점과 행성 / 행성과 행성

Chapter 3 운을 통한 분석

01 재물 운   105
재물 운이 좋은 경우

02 연애 운   112

03 결혼 운과 배우자 운   115

04 재능과 진로   118

05 재능과 진로에 대한 조언   124
재능이 재능으로 안 보일 때 / 진로를 선택할 때 / 자식을 외국으로 보내려는 부모에게

Chapter 4 행성 이야기

01 태양   135
춘하추동 — 하지와 동지 / 태양력(율리우스력과 그레고리력) / 태음태양력

02 달   145
달의 여신 / 달은 지구의 기억 창고 / 월식과 일식

03 수성   154
수성, 마법을 관장하는 헤르메스

04 금성   160
금성, 귀부인과 요부 사이

05 화성   164
화성인 남자와 금성인 여자 / 화성 역행

06 목성   168
목성, 풍요와 부의 행성 / 목성이 거느리는 위성들

07 토성   173
토성, 카르마에 의한 감금

08 천왕성   176
급격한 변화를 이끄는 천왕성 / 천왕성, 천재적 광기의 별

09 해왕성   179
경계를 허무는 해왕성 / 해왕성, 무정형의 몽상가

10 명왕성   182
명왕성, 잠재적 힘을 가진 보스 / 명왕성(134340 플루토)과 에리스 그리고 항성의 시대

Chapter 5   소행성과 가상점

01 소행성   191
세레스 / 팔라스 / 주노 / 베스타 / 키론 / 세드나

02 교점과 가상점   200
용두·용미 / 포르투나 / 릴리트

Chapter 6   점성학과 시간

01 세계표준시와 탄생시   211
세계표준시와 로즈라인

02 시간의 로드   217
칼데아 점성시

03 별자리와 상승궁(태양과 달, 혼과 백)   223

04 탄생의 시간   228
출생시와 영혼 입식 / 서양과 동양의 나이 차이

05 탄생시 보정   231
생김새로 시간 보정하기 / 특정 사건으로 시간 보정하기 / 서머타임으로 시간 보정하기 / 표준시로 시간 보정하기

06 죽음의 시간   235
사망시 / 죽는 방법(발산형과 수축형) / 행성적 죽음 / 생살여탈권 / 타이타닉, 저승으로 가는 배

Chapter 7 점성학과 항성

01 베가와 폴라리스 – 북극성과 세차운동　　253

02 별의 주종관계와 쌍성관계　　256

03 라그랑주 점의 역학 그리고 중력 0의 지점　　259

04 항성의 힘 – 하늘의 4대 보호자　　263
　　알데바란(황소의 눈) / 안타레스(전갈의 심장) / 포말하우트(물고기의 입) /
　　레굴루스(사자의 심장) / 기타 로얄 스타 중 스피카

맺음말 점성학 책을 마치며 · 283

Chapter 1

12궁과 10행성의 분류법

01 별자리

별자리란, 지구에서 보이는 천구의 별들에 어떤 사물이 연상되도록 만들어놓은 것이다. 별자리는 기원전[1] 3000년경, 수메르에서부터 시작되었고 이후 바빌로니아에서 체계화되었다. 후대에 이 별자리와 점성학을 체계적으로 정리해놓은 사람이 바로 2세기경 이집트의 프톨레마이오스다.

---

1 기원 원년 이전. 예수가 태어난 해를 기준으로 그 이전을 말한다. B.C.(Before Christ)라는 약자를 쓰기도 한다.

별자리는 프톨레마이오스가 체계화한 48개 별자리2를 기본으로 하며, 현재는 88개의 별자리가 있다. 이 별자리들 중에서 12방향에 있는 별자리가 12궁의 상징 별자리로 채택된 것이다. 바빌로니아 시대에 이미 열두 개의 별자리 상징이 채택되었던 것으로 유추되며, 방대한 고대 자료들을 체계적으로 정리해서 점성학의 토대를 올려놓은 사람이 바로 프톨레마이오스다. 이후 17세기 윌리엄 릴리(William Lilly, 1602년 5월 11일~1681년 6월 9일)3에 의해 고전 점성술4이 정리되었다.

과학의 발달로 천왕성5, 해왕성6, 명왕성7이 발견되었고, 7행성(태양, 달, 수성, 금성, 화성, 목성, 토성)에 천왕성·해왕성·명왕성이 포함되면서 10행성 체계가 되었다. '태라의 점성학'은 최대한 쉽게 이해될 수 있는 것에 초점을 맞추었으며, 명왕성을 포함한 10행성 위주의 설명이 될 것이다.

---

2   거문고자리, 게자리, 고래자리, 궁수자리, 까마귀자리, 남쪽왕관자리, 남쪽물고기자리, 독수리자리, 돌고래자리, 마차부자리, 목동자리, 물고기자리, 물병자리, 바다뱀자리, 백조자리, 뱀자리, 뱀주인자리, 북쪽왕관자리, 사자자리, 삼각형자리, 센타우루스자리, 컵자리, 쌍둥이자리, 아르고자리, 안드로메다자리, 양자리, 에리다누스자리, 염소자리, 오리온자리, 용자리, 이리자리, 작은개자리, 작은곰자리, 전갈자리, 제단자리, 조랑말자리, 처녀자리, 천칭자리, 카시오페이아자리, 세페우스자리, 큰개자리, 큰곰자리, 토끼자리, 페가수스자리, 페르세우스자리, 헤르쿨레스자리, 화살자리, 황소자리가 있다.
3   영국의 점성가.
4   천왕성, 해왕성, 명왕성이 발견되기 이전, 7행성을 기초로 한 전통 점성술.
5   1781년 윌리엄 허셜이 만든 천체망원경을 이용하여 최초 발견한 행성으로 영어 이름은 우라노스(Uranus).
6   1846년 발견되었는데, 발견자는 여러 명이 있다. 영어 이름은 넵튠(Neptune).
7   1930년 클라이드 톰보에 의해 발견되었다. 영어 이름은 플루토(Pluto).

먼저 우리가 익히 들어 알고 있는 별자리들, 예를 들어 북두칠성, 북극성, 오리온, 플레이아데스, 시리우스 등과 연관된 별자리들을 간략하게 살펴보자.

북극성과 북두칠성

먼저 북두칠성은 천구 북쪽에 위치하는 큰곰자리 꼬리와 엉덩이 부분을 차지하는 일곱 개의 별이다. 북두칠성은 국자 모양으로 생겼으며, 국자 앞부분을 확장해서 다섯 배를 따라 올라가면 북극성(Polaris)이 보이고, 북극성은 작은곰자리에 포함된다.

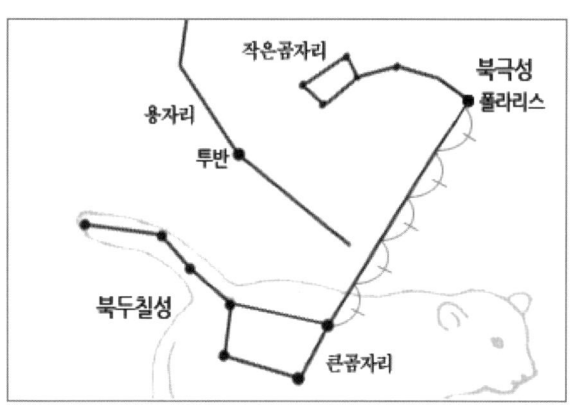

북극성은 고정된 별이 아니며, 세차운동으로 그 중심이 바뀐다. 기원전 1만 2000년경에는 북극성이 베가(Vega)였고, 기원전 3,000경에는 용자리 투반(Thuban)이 북극성 자리에 위치했다. 폴라리스는 현재 천구 북극에서 0.7도 벗어난 곳에 자리 잡고 있다.

큰곰자리 근처에는 용자리와 사자자리가 위치하고 있다. 또한 천궁도(天宮圖)의 북극에는 게자리(♋)와 사자자리(♌)가 위치한다. 게자리는 왕비를 상징하는 달(☽)이 다스리고, 사자자리는 왕을 상징하는 태양(☉)이 다스린다. 마치 일월오봉도(日月五峰圖)[8]처럼 해와 달이 그 중심에 위치해 있다.

북두칠성은 우리나라에서는 매우 중요한 별자리로 여겨졌다. 왜냐하면 북두칠성은 북극성과 더불어 자미원(紫微垣)의 일부이기 때문이다. 자미원은 하늘 임금님의 거처(자미궁)를 둘러싼 궁궐의 담이다. 그 담 안에 북극성과 북두칠성이 위치한다.

---

8 일월오봉도(日月五峰圖)란 한자어 그대로 해와 달 그리고 다섯 산봉우리를 그린 그림이란 뜻이다. 주로 병풍으로 그려져 조선 시대 어좌(御座)의 뒤편에 놓았다.

동양은 천구의 북극 부근에 위치하는 북극성과 북두칠성을 중요시한 반면에, 서양은 천구의 적도 부근에 위치하는 오리온(Orion), 시리우스(Sirius), 플레이아데스(Pleiades) 등을 중요시했다. 오리온, 시리우스, 플레이아데스는 서양 신화에도 자주 등장할뿐더러, 서양 영성의 채널링(channeling)[9] 주제에도 종종 언급되는 별들이다.

오리온

겨울철 저녁 하늘에서 볼 수 있는 오리온자리는 천구의 적도에 걸쳐 있다. 명칭은 그리스 신화에 나오는 거인 사냥꾼 오리온(Orion)으로부터 기원한다. 오리온자리의 허리띠라 불리는 세 별, 민타카(Mintaka), 알니타크(Alnitak), 알닐람(Alnilam)을 삼태성(三太星)이라 부르기도 한다.(단, 북두칠성의 삼태성[三台星]과는 다르다.)

오리온과 관련된 몇 가지 사항들을 살펴보면 아래와 같다.

1) 이집트 3대 피라미드의 배열과 비율은 오리온자리 삼태성과 상응한다.
2) 대피라미드 안에 있는 왕의 방 환풍구는 남쪽은 오리온자리 제타(ζ)별(알니타크)로 맞춰져 있고, 북쪽은 용자리[10] 알파(α)별(투반)로 방향이 맞춰져 있다. 또한 여왕의 방 환풍구는 남쪽은 시리우스별, 북쪽은 작은곰자리 베타

---

9 채널링은 자기 외의 의식이나 초자연적인 존재와 커뮤니케이션하는 기법을 말하며, 이러한 심령적 능력을 가지고 있는 사람을 채널러(channeler)라 부른다.
10 용자리 투반(Thuban)은 기원전 2787년 천구의 북극에 가장 가까웠다.

별(코카브)로 방향이 맞춰져 있다.

3) 오리온은 죽음의 신인 오시리스(Osiris)와 연관이 있고, 시리우스는 풍요의 여신인 이시스(Isis)와 연관이 있다.

위의 자료들을 종합해 보았을 때, 오리온은 양(陽)이며 왕(王)을 상징하는 오시리스이고, 시리우스는 음(陰)이며 왕비(王妃)를 상징하는 이시스이다. 이시스는 오시리스를 보호하는 수호신이다. 또한 피라미드가 지어질 당시의 북극성은 용자리 투반이었다.

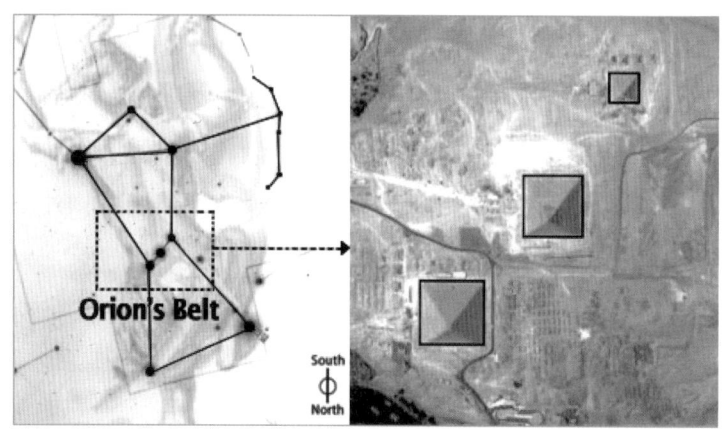

시리우스

밤하늘의 가장 밝은 별로 알려져 있는 시리우스(Sirius)는 천구의 남반구에 위치한 큰개자리에 위치한 별이며, 천랑성(天狼星)[11]이라 불린

---

11 늑대를 의미하는 '낭성(狼星)'.

다. 큰개자리는 지옥을 지키는 개라고 불리며, 시리우스는 이시스(Isis)의 별이라고도 한다. 시리우스는 겨울철 저녁 하늘에서 볼 수 있다.

플레이아데스

플레이아데스(Pleiades)는 황소자리 산개성단(散開星團)이다. 황소자리는 오리온자리 북서쪽에 놓인 별자리이며, 황소자리에서 가장 빛나는 별은 알데바란(Aldebaran)[12]이다. 황소자리 근처에 이웃하고 있는 별자리로는 페르세우스자리, 오리온자리 등이 있다.

항성과 별자리에 관해서는 뒤에서 다시 다룰 것이다.

---

12 황소자리의 알파별이다. 황소의 머리 부분에 위치하고 있기 때문에 '황소의 눈'으로 불렸다.

02 원소별 분류

12궁은 해당 방향의 별자리에 영향을 받아서 각각의 성향과 기질이 형성된다. 그 특성에 따라 12궁을 다양한 방법으로 분류할 수 있으며, 각 궁의 상징은 인간 혹은 동물들로 상징된다. 양, 황소, 쌍둥이, 게, 사자, 처녀, 천칭, 전갈, 사수, 염소, 물병, 물고기의 상징을 12궁에 연결시켜 놓았다. 각 궁의 기질과 성향을 여러 가지 방식으로 분류하고 나누어 봄으로써 각 궁의 특성을 더 깊이 이해할 수 있을 것이다. 먼저 12궁은 우주의 물질을 이루고 있는 4원소로 분류할 수 있다.

동양이 우주 만물을 오행(木, 火, 土, 金, 水)으로 분류하듯이, 서양에서는 4원소(fire, water, air, earth)로 분류한다. 고대인들은 이 4원소를 우주의 기본 요소라 했으며, 4원소 안에는 불변의 에테르(ether)가 담겨 있다고 프톨레마이오스는 말한다. 에테르는 동양에서 말하는 기(氣)와 같은 것으로, 우주의 물질을 이루고 있는 에너지이다.

12궁은 각각 4원소의 속성이 담겨 있다. 불, 물, 공기, 흙 이렇게 네 가지 원소로 분류할 수 있다. 4원소의 기호는 아래와 같다.

fire	water	air	earth
△	▽	△	▽

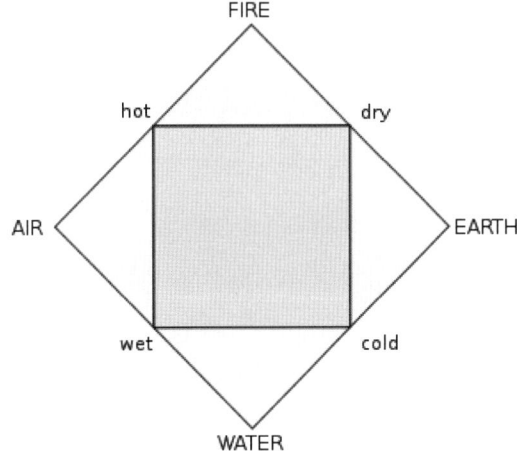

불과 공기는 위로 뜨고, 물과 흙은 아래로 가라앉는다. 불과 공기는 만질 수 없고, 물과 흙은 만질 수 있다. 불과 공기가 만나면 뜨거워지고, 불과 흙이 만나면 건조해진다. 물과 공기가 만나면 축축해지고, 물과 흙이 만나면 차가워진다. 불 원소는 에너지를 발산하고, 공기 원소는 에너지를 순환시키며, 물 원소는 에너지를 흡수하고, 흙 원소는 에너지를 굳게 만든다. 천궁도는 이 네 가지 원소로 그 특질을 나눌 수 있다.

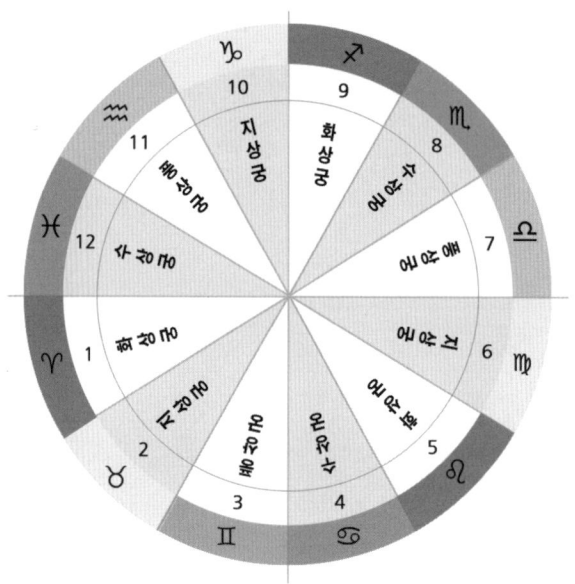

불 원소 성격을 가지고 있는 궁은 화상궁, 물 원소 성격을 가지고 있는 궁은 수상궁, 공기 원소를 가지고 있는 궁은 풍상궁, 흙 원소 성격을 가지고 있는 궁은 지상궁이라 한다.

화상궁(불)은 양자리(♈), 사자자리(♌), 사수자리(♐)이다.
지상궁(흙)은 황소자리(♉), 처녀자리(♍), 염소자리(♑)이다.
풍상궁(공기)은 쌍둥이자리(♊), 천칭자리(♎), 물병자리(♒)이다.
수상궁(물)은 게자리(♋), 전갈자리(♏), 물고기자리(♓)이다.

화상궁은 양의 동물 상징으로 이루어졌고,
지상궁은 음의 동물 및 사람 상징으로 나타냈다.
풍상궁은 바람이 잘 통하는 ‖ = 모양으로 표시되며,
수상궁은 깊게 침잠하는 물속에 사는 어류로 표시된다.

4원소로 나뉜 궁은 정삼각형을 이루기 때문에 트리플(triple)이라고 한다. 순서는 양자리부터 화상궁→지상궁→풍상궁→수상궁 순으로 반복된다.

화상궁은 불기운으로 에너지가 넘치는 발산형,
수상궁은 물기운으로 기운이 가라앉고 깊이 빠져드는 수축형,
풍상궁은 공기기운으로 에너지를 통풍시키는 순환형,
지상궁은 땅기운으로 에너지를 차분하게 가라앉히는 고착형이다.

불기운이 강한 사람은 치고나가는 힘이 강하고,
물기운이 강한 사람은 끌어당기는 힘이 강하며,
땅기운이 강한 사람은 편안하고,
공기기운이 강한 사람은 융통성이 좋다.

4원소는 타로(tarot) 카드의 기본 바탕이 되는 요소이다. 막대기(Wand)는 불기운, 검(Sword)은 공기기운, 컵(Cup)은 물기운, 동전(Pentacle)은 땅기운을 나타낸다.

타로 카드[13]에서 트럼프 카드가 탄생되었고, 트럼프 카드는 타로 카드의 네 가지 상징을 아래와 같이 변형시켰다.

♣	막대(Wand) ― 지혜	불
♠	검(Sword) ― 명예	공기
♥	컵(Cup) ― 사랑	물
♦	동전(Pentacle) ― 돈	흙

이렇게 네 가지 원소가 서로 혼합되어 독특한 에너지를 형성하는 것으로, 타로 관련 이야기는 나중에 다른 책에서 심도 있게 다룰 것이다.

---

[13] 타로 카드는 다양한 그림이 그려진 78매의 카드를 뽑아가면서 문제를 분석하고 해답을 찾아가는 방법을 제시하는 일종의 점이다.

03 음양의 분류

천궁도의 음양 구분

각각의 궁은 음양의 성질을 띠고 있다. 불 원소와 공기 원소는 양(+)의 성질을 띠고 있고, 물 원소와 흙 원소는 음(-)의 성질을 띠고 있다. 불과 공기는 위로 뜨고, 물과 흙은 아래로 가라앉는다. 양은 발산이고, 음은 수축이다.

천궁도 원소적인 분류에 의해 음양으로 분류할 수 있다.

양자리(♈), 쌍둥이자리(♊), 사자자리(♌), 천칭자리(♎), 사수자리(♐), 물병자리(♒)는 양의 속성이며, 황소자리(♉), 게자리(♋), 처녀자리(♍), 전갈자리(♏), 염소자리(♑), 물고기자리(♓)는 음의 속성이다. 아래 그림처럼 한 번씩 번갈아가며 음양의 속성이 들어가 있다.

천궁도의 음양 속성은 더 세분화할 수 있다. 음의 양, 음의 음, 양의 양, 양의 음으로 분류할 수 있다. 또한 천궁도는 여성궁과 남성궁으로 나눌 수 있고, 여성궁은 다시 음의 음, 음의 양으로 나눌 수 있으며, 남성궁도 양의 양, 양의 음으로 분류할 수 있다. 여성궁은 달과 금성이 다스리는 궁이고, 남성궁은 태양과 화성이 다스린다. 그리고 토성과 목성은 성별을 초월하지만 토성과 목성은 대체로 남성성에 가깝다.

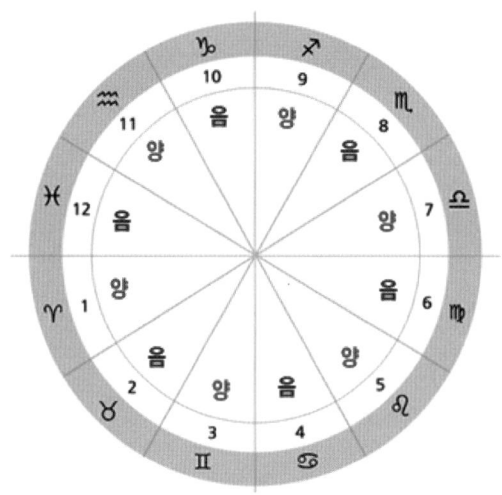

양의 궁	양자리(♈), 쌍둥이자리(♊), 사자자리(♌), 천칭자리(♎), 사수자리(♐), 물병자리(♒)
음의 궁	황소자리(♉), 게자리(♋), 처녀자리(♍), 전갈자리(♏), 염소자리(♑), 물고기자리(♓)
남성궁	양자리(♈), 사자자리(♌), 전갈자리(♏), 사수자리(♐), 염소자리(♑), 물병자리(♒)
여성궁	황소자리(♉), 게자리(♋), 처녀자리(♍), 천칭자리(♎), 물고기자리(♓)
중성궁	쌍둥이자리(♊)

행성별 음양 구분

태양은 양, 달은 음이다. 나머지 행성 화성, 금성, 수성, 목성, 토성은 음과 양을 동시에 품고 있다. 태양과 달은 기본적인 음양을 상징한다. 금성과 화성은 음양의 속성(여자, 남자)을 보여주고, 목성과 토성은 음양의 특징(확장, 수축)을 보여준다.

태양이 낮을 지배한다면, 달은 밤을 지배한다. 화성은 남성의 기운을, 금성은 여성의 기운을 상징한다. 또한 목성은 확장하고 베푸는 양의 속성, 토성은 수축하고 묶어두는 음의 속성을 나타낸다. 수성은 성별이 아직 발현되지 않은 소년, 소녀를 나타낸다.

여성 행성: 달(☽), 금성(♀)
남성 행성: 태양(☉), 화성(♂)
중년 행성: 목성(♃)(성별이 무색해지는 중장년)
노년 행성: 토성(♄)(양이 수축하는 노년)
중성 행성: 수성(☿)(성이 발현되지 않은 소년, 소녀)

토성을 남성 행성으로 볼 것이냐, 여성 행성으로 볼 것이냐의 문제에서 토성의 수축하는 기질로 보면, 음의 여성성이 강하다고 볼 것이나 토성은 나이가 들어 수축하는 노인에 비유할 수 있다.

토성의 비유 대상을 살펴보면, 총독, 노인, 집정관 등 연륜 있는 정치가로 표현되기 때문에 토성의 기질은 음의 기질이나, 행성 자체로 놓고 보면 남성 행성으로 볼 수 있다. 또한 강하게 묶어두고 억압하는 성향은 남성성의 질서를 닮았다.

각각의 행성은 어떤 궁에서는 음의 속성을 띠고, 어떤 궁에서는 양의 속성을 띤다. 각 행성별 음양의 속성에 대해서 살펴보자.

화성 ♂

화성(♂)은 양자리(♈)와 전갈자리(♏)의 주인 행성이다. 화성이 양자리에 위치하면 양의 속성이 발현되고, 전갈자리에 위치하면 음의 속성이 나타난다. 양의 속성인 화성이 발산형이라면, 음의 속성인 전갈자리는 수축형이다. 화성은 에너지를 쓸 때 어떤 식으로 쓰느냐를 알 수 있는데, 양자리 화성이 충만한 에너지와 넘치는 활력 그리고 창의적인 아이디어를 가진 사람이라면, 전갈자리 화성은 치밀하게 분석하면서 파고들어가는 사람이다. 양자리 화성이 외적으로 강한 사람이라면, 전갈자리 화성은 내적으로 강한 사람이다.

화성	
양	음
양자리	전갈자리
외면적 용기	내면적 용기

금성 ♀

금성(♀)은 황소자리(♉)와 천칭자리(♎)의 주인 행성이다. 금성이 황소자리에 위치하면 음의 속성이 나타나고, 천칭자리에 위치하면 양의 속성이 나타난다. 양의 속성인 천칭자리 금성은 자신을 뽐내면서 발산하지만, 음의 속성인 황소자리 금성은 은근한 매력으로 끌어들인다. 매력도 화려하게 발산시키면서 시선을 당기는 양의 매력이 있는가 하면, 은근히 끌어당기는 음의 매력도 있다.

금성	
양	음
천칭자리	황소자리
발산형 매력	수축형 매력

수성 ☿

수성(☿)은 쌍둥이자리(♊)와 처녀자리(♍)의 주인 행성이다. 수성이 쌍둥이자리에 위치하면 양의 속성이 나타나고, 처녀자리에 위치하면 음의 속성이 나타난다. 양의 속성인 쌍둥이자리 수성은 밖으로 돌아다니면서 정보를 전달하는 전령인 반면에, 음의 속성인 처녀자리는 안에서 정보를 모으고 분석하는 시녀 역할을 맡는다. 쌍둥이자리 수성은 소년(동자)에 해당되고, 처녀자리 수성은 소녀(동녀)에 해당된다.

수성	
양	음
쌍둥이자리	처녀자리
밖으로 정보 전달	안에서 정보 정리

목성 ♃

목성(♃)은 사수자리(♐)와 물고기자리(♓)의 주인 행성이다. 목성이 사수자리에 위치하면 양의 속성이 나타나고, 물고기자리에 위치하면 음의 속성이 나타난다. 양의 속성인 사수자리는 의식을 확장하려는 속성이 있는 반면에, 음의 속성인 물고기자리는 의식을 부드럽고 조용히 퍼뜨린다.

사수자리 목성이 어느 정도 사회적 지위를 얻은 사장님이라면, 물고기자리 목성은 사모님에 해당된다. 사장님은 기업이나 회사를 다스릴 때 이념과 비전을 가지고 직원들을 이끌어간다면, 사모님은 빛이 들지 않는 어렵고 힘든 사람들을 챙기며 식구들의 복지에 신경 써야 하는 위치이다. 목성은 확장하고 베푸는 힘으로 전반적으로 나누어주는 양의 속성이 있으나, 이상과 비전 등을 확장하는 것은 양의 몫에 해당되고, 자비와 인류애를 퍼뜨리는 것은 음의 몫에 해당된다.

목성	
양	음
사수자리	물고기자리
이상과 비전을 가지고 확장	복지를 통한 나눔

토성 ♄

토성(♄)은 염소자리(♑)와 물병자리(♒)의 주인 행성이다. 토성이 염소자리에 위치하면 음의 속성이 나타나고, 물병자리에 위치하면 양의 속성이 나타난다. 음의 속성인 염소자리 토성은 권력을 지키려는 보수적 속성이 강한 반면에, 양의 속성인 물병자리 토성은 변화·개혁하려는 진보적 성향을 띤다.

토성	
양	음
물병자리	염소자리
진보적 속성	보수적 속성

기타 천왕성과 명왕성은 남성 행성으로 분류하고, 해왕성은 여성 행성으로 분류한다. 천왕성은 변화 개혁의 의지이고 명왕성은 강한 힘을 내재하고 있는 보스의 힘이라면, 해왕성은 모든 것을 품고 흩어버리는 여성적 속성을 지니고 있다.

04 움직임별 분류

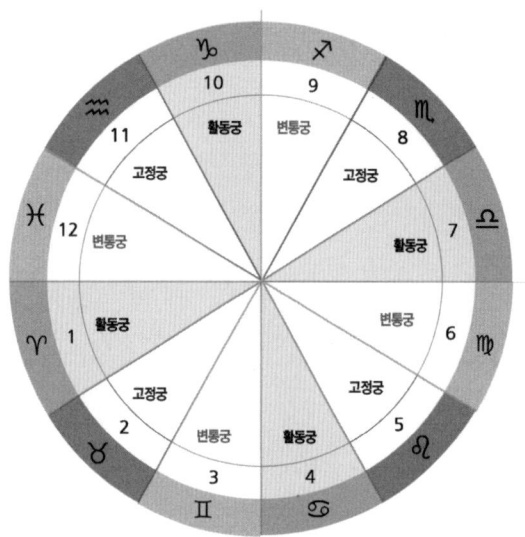

각 궁은 움직임의 정도에 따라 활동궁, 고정궁, 변통궁으로 나눌 수 있다. 활동과 움직임이 많은 궁을 활동궁이라 하고, 움직임의 변화가 많은 궁은 변통궁이라 하며, 움직임이 고정되어 있는 궁은 고정궁이라 한다.

활동궁(活動宮, moveable sign)[14]은 계절의 변화가 시작되는 궁으로 봄을 알리는 양자리, 여름을 알리는 게자리, 가을을 알리는 천칭자리, 겨

---

14 옛날 점성가들은 활동궁을 cardinal sign이라고 불렀다.

울을 알리는 염소자리가 활동궁에 해당된다. 계절의 전환점이 되는 궁이다.

고정궁(固定宮, fixed sign)은 계절을 지키는 궁이라서 연속성, 지속성과 관련이 있다. 고집이 세고 완고하며 독선적이고 외골수적인 성향이 있다.

변통궁(變通宮, mutable sign)은 계절에서 계절로 넘어가는 중간 다리 역할을 하고 있어서 변화에 민감하고 사리분별이 발달된 분석가 성향을 띠고 있으며 외향적이다.

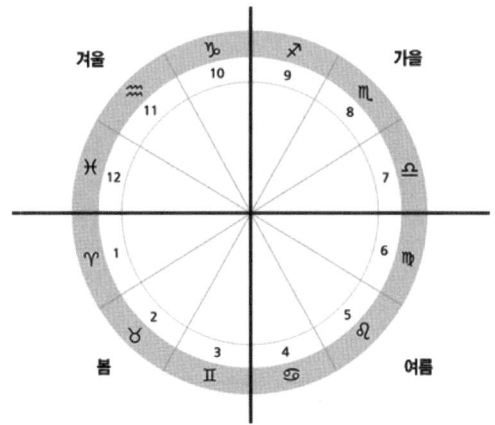

활동궁은 양자리, 게자리, 천칭자리, 염소자리이고,
고정궁은 황소자리, 사자자리, 전갈자리, 물병자리이며,
변통궁은 쌍둥이자리, 처녀자리, 사수자리, 물고기자리이다.

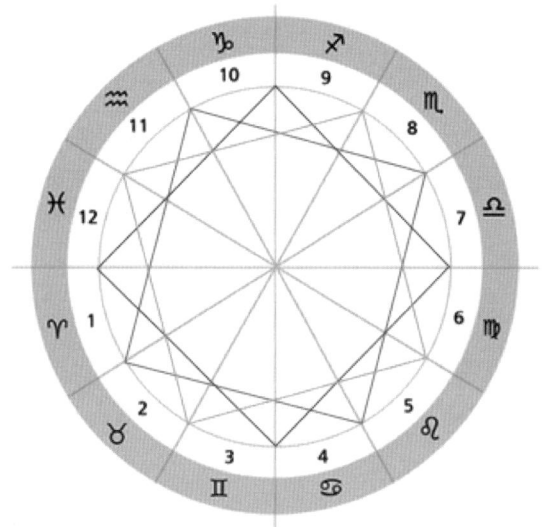

♈,♋,♎,♑ 는 활동궁

♉,♌,♏,♒ 은 고정궁

♊,♍,♐,♓ 는 변통궁

05 기질별 분류

서양에서는 만물을 공기(air), 불(fire), 흙(earth), 물(water) 이 네 가지 원소로 구분한다. 마찬가지로 인간의 몸도 4체액설(四體液說)로 나누는 이론이 있다. 이 이론은 고대 그리스와 로마 시대 철학자들이 주장하던 인체 구성의 원리이다. 의학의 아버지로 불리는 히포크라테스(Hippocrates, 기원전 약 460~기원전 약 370년)가 처음으로 주장했으며, 의술이 발달되지 않았던 중세 시대까지는 영향력 있는 의학 이론이었다. 히포크라테스는 마법의 한 분야인 치유 분야를 분리하여, 의학을 담당하는 의사라는 직업을 처음 만든 사람이다.

4체액설이란 기본적으로 인간의 몸이 네 가지 체액(혈액, 담즙, 물, 점액)으로 가득 차 있다는 설이다.

인간의 육체는 70퍼센트가 물로 이루어져 있다. 인체 속에 있는 액체로는 혈액(血液), 담즙(膽汁), 물(水), 점액(粘液)이 있다. 물은 나중에 흑담즙(黑膽汁)으로 바뀌었으며, 이 네 가지 체액 중 많이 차지하는 것이 기질을 좌우한다. 혈액이 지배적인 체액이면 다혈질이 되고, 담즙이 지배적인 체액이면 담즙질이 된다. 흑담즙이 지배적인 체액이면 우울질이 되고, 점액이 지배적인 체액이면 점액질이 된다.

이 체액들 간에 균형이 맞으면 건강한 상태라고 생각했다. 인간에게 발생하는 모든 병과 장애는 체액이 과하거나 모자라는 데서 생기며, 네 가지 체액별 기질은 다음과 같다.

- 다혈질(sanguine temperament)
- 담즙질(choleric temperament)
- 우울질(melancholic temperament)
- 점액질(phlegmatic temperament)

4체액은 각각 사계절(봄, 여름, 가을, 겨울)과 네 가지 원소(공기, 불, 흙, 물)에 상응한다. 다혈질(생귄)은 봄, 담즙질(콜레릭)은 여름, 우울질(멜랑콜릭)은 가을, 점액질(플래그매틱)은 겨울이다. 다혈질은 공기, 담즙질은 불, 우울질은 흙, 점액질은 물에 상응한다.

4체액이 조화와 균형을 이룰 때 몸이 건강하다. 4체액의 많고 적음에 따라 인간의 감정이나 성격에 영향을 미치게 된다. 따라서 이러한 성향을 체질별 기질이라 하며, 네 가지 체액이 적당한 비율로 섞여 있지 않고 너무 많거나 너무 적으면 지배적인 체액에 따라 기질이 달라진다. 4체액은 근대에 내분비학으로 이어진다. 동양에서는 사상체질(四象體質)과 사상의학(四象醫學)이 있다.

다혈질

감정적이고 급작스럽게 화를 잘 내는 사람을 일컬어 다혈질이라는 표현을 쓴다. 다혈질이 쉽게 흥분하고 쉽게 감정적으로 변하는 사람의 특징을 나타내듯, 다혈질의 기질은 혈액의 왕성함에서 발생한다.

혈액은 붉은색이다. 붉은 혈액이 왕성하다는 것은 열정이 강하고 적극적이며 즉각적인 반응을 한다는 뜻이나, 단점으로는 몹시 감정적이라서 변덕이 심하다는 것이다. 성격이 급하고 외향적이며, 먼저 대화를 시작한다. 대화를 주도하고 주목받는 것을 좋아한다.

주변 사람과 사물에 대해 호기심을 가지며, 환경에 잘 적응한다. 밝고 낙천적이며 끊임없이 여러 가지 계획을 세우고 이상을 세우려 한다. 첫인상도 좋고 사교적이며 개방적이다. 진실한 마음을 가지려 하고 유쾌하며 사근사근하다. 자신의 생각을 허심탄회하게 털어놓고 솔직하다. 계절로는 봄에 해당되고, 특성으로는 뜨겁고 축축하다.

담즙질

담즙이 지배적인 체액으로, 자신의 능력과 자신감 그리고 확신을 가지며 매우 진취적이다. 스스로 결정하고 자신이 원하는 방향으로 계획을 추진하며, 분석적이기보다는 직관적이다. 일에 문제가 발생했을 때는 빠르고 단호하게 대처하는 편으로, 한번 일을 계획하면 쉽게 바뀌지 않는다. 다른 사람의 생각에 크게 영향을 받지 않고, 고집이 세기 때문에 자기 과신(過信)에 빠지기 쉽다. 성격이 급하고 화를 잘 내며 다투기 좋아하고 원한을 잘 잊지 않는다. 의지가 강하고 끈질기며 당당하고 배짱이 좋으나, 무모하고 쓸데없는 분란에 관여하며 선동하길 좋아한다. 자신의 뜻을 강하게 주장하는 편이다. 계절로는 여름에 해당하고 특성은 뜨겁고 건조하다.

우울질

'멜랑콜릭(melancholic)'이라는 단어도 다혈질처럼 우리가 자주 사용하는 용어이다. 가을날 우수에 젖어 있는 사람, 혹은 촉촉하게 젖기 직전 약간 끈적끈적한 정도의 우울한 느낌을 멜랑콜릭하다고 표현한다. 프랑스어로는 멜랑콜리(mélancolie)라고 한다. 낭만주의의 대표적 감성이 멜랑콜리이기도 하다.

멜랑콜릭은 흑담즙이 과해졌을 때 우울질이 찾아온다. 우울질은 쉽게 감동받고 쉽게 상처받으며, 감정이 예민하다. 낭만적이고 사려 깊으며 창조적이다. 감각이 예민하고 민감하기 때문에 예술 분야에 뛰어난 재능을 보이기도 한다. 앞에 나서기보다는 뒤에서 일하기를 즐기고, 자신을 따르는 사람들을 위해 헌신하고 희생하려는 욕구가 강하다.

단점으로는 의심이 많고 수심에 잠기기 쉬우며 비밀스럽다는 것이다. 자신이 입은 피해와 상처는 잊지 않고, 야심을 품으며 분석력이 뛰어나다. 또한 완벽주의 성향도 있다. 자신에 대한 기준이 높고 완벽성 때문에 좌절감도 큰 편이다. 계절로는 가을에 해당하며 특성은 차갑고 건조하다.

점액질

우울한 기운이 물질화되면 점액질이 된다. 눈에 보이지 않던 침울하고 우울한 기운이 물질화가 되면 둔해진다. 그래서 점액질이 많아지면 자극에 둔하고 멍하며 쉽게 흥분하거나 격분하는 일이 적다. 기체에서 고체가 되어 갈수록 움직임이 둔화된다. 그래서 기질적으로 활발하지는 못하지만 진득하게 끝까지 해내는 인내심과 의지력은 강하다. 또한 근면하고 끈기가 있다. 감정의 변화가 적기 때문에 냉정하고 무표정해 보인다. 계절로는 겨울에 해당하며 특성은 차갑고 축축하다.

4기질	4체액	4계절	4원소
다혈질(sanguine temperament)	혈액	봄	공기
담즙질(choleric temperament)	담즙	여름	불
우울질(melancholic temperament)	흑담즙(물)	가을	흙
점액질(phlegmatic temperament)	점액	겨울	물

기질별 생김새

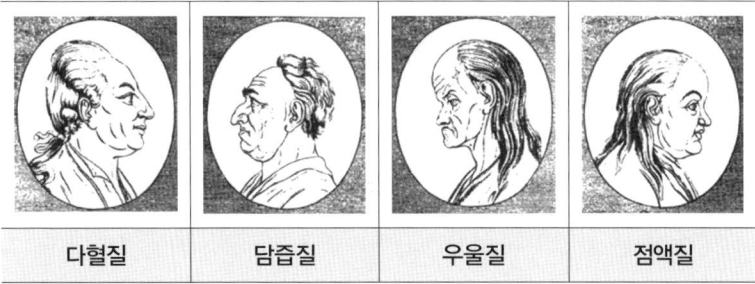

다혈질 　　담즙질 　　우울질 　　점액질

- **다혈질** 얼굴이 각지며 뼈대가 발달되어 있다.
- **담즙질** 적절한 균형을 가지고 있는 장년의 얼굴이다.
- **우울질** 우울해보이고 비관적인 노인의 얼굴이다.
- **점액질** 물이 많고 얼굴이 둥글며 살집이 있다.

각 궁의 4체액 기질

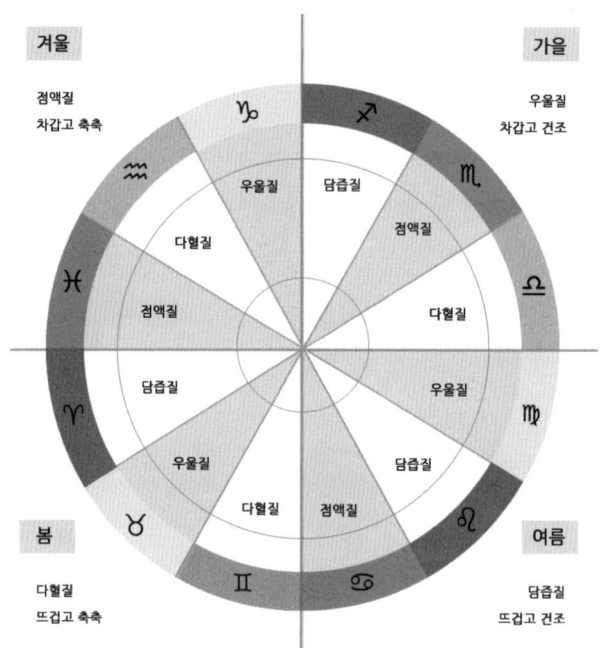

12천궁도의 각 궁도 각각의 기질로 분류할 수가 있다. 천궁도는 위 그림처럼 크게 봄, 여름, 가을, 겨울로 나눌 수 있고, 각각의 계절은 다

시 기질로 세분화된다.

봄은 다혈질이고, 여름은 담즙질이며, 가을은 우울질, 겨울은 점액질이다. 또한 풍상궁은 다혈질, 화상궁은 담즙질, 지상궁은 우울질, 수상궁은 점액질에 상응한다.

봄은 축축한 가운데 온도가 올라가면서 뜨거워지고, 여름은 뜨거움이 물을 건조시키기 때문에 뜨겁고 건조하다. 가을은 온도가 서서히 내려가면서 차갑고 건조해진다. 겨울은 눈이 내리면서 땅을 적시기 때문에 차갑고 축축하다.

계절	기질	구분	속성
봄	다혈질	풍상궁(Ⅱ, ♎, ♒)	뜨겁고 축축하다.
여름	담즙질	화상궁(♈, ♌, ♐)	뜨겁고 건조하다.
가을	우울질	지상궁(♉, ♍, ♑)	차갑고 건조하다.
겨울	점액질	수상궁(♋, ♏, ♓)	차갑고 축축하다.

06 색상별 분류

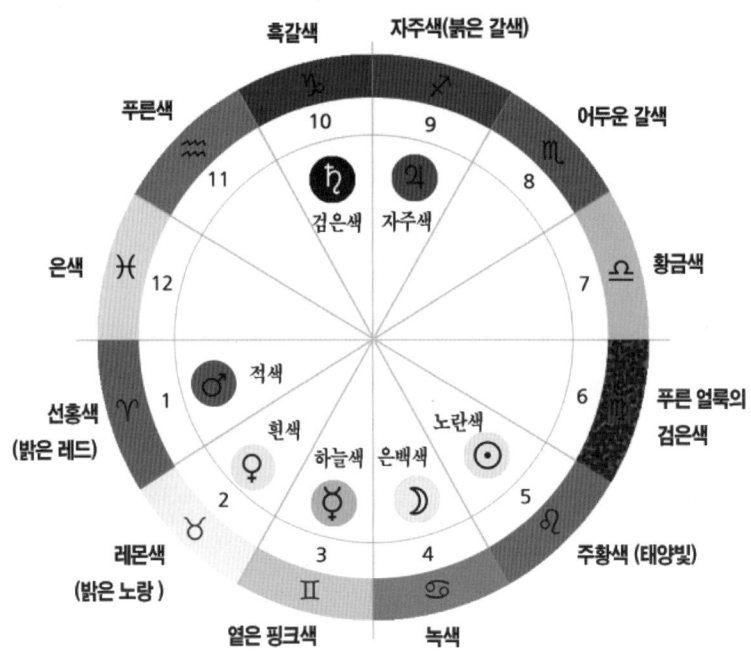

각각의 궁과 행성은 고유한 색상 진동을 띠고 있다. 화상궁인 양자리, 사자자리, 사수자리는 붉은색을 띠고 있는데, 붉은색이 조금씩 다른 차이를 지니고 있다. 양자리는 밝고 산뜻한 레드 혹은 피와 같은 붉은 선홍색을 띠고 있는 반면에, 사자자리 레드는 태양빛처럼 오렌지가 섞인 주황색을 띤다. 그리고 사수자리는 붉은 갈색 혹은 자줏빛을 띤다.

황소자리와 천칭자리는 노란빛을 띠는데, 황소자리는 백색에 가까운 레몬 빛을 띠고 있는 반면에 천칭자리는 황금색을 띠고 있다.

양자리	선홍색(밝은 레드)	천칭자리	황금색
황소자리	레몬색(밝은 노랑)	전갈자리	어두운 갈색
쌍둥이자리	옅은 핑크색	사수자리	자주색 또는 붉은 갈색
게자리	녹색	염소자리	흑갈색
사자자리	주황색(태양빛)	물병자리	푸른색
처녀자리	푸른 얼룩의 검은색	물고기자리	은색

태양	노란색
달	은백색
수성	하늘색
금성	흰색 또는 에메랄드빛
화성	적색
목성	자주색
토성	검은색

07 인체 상응

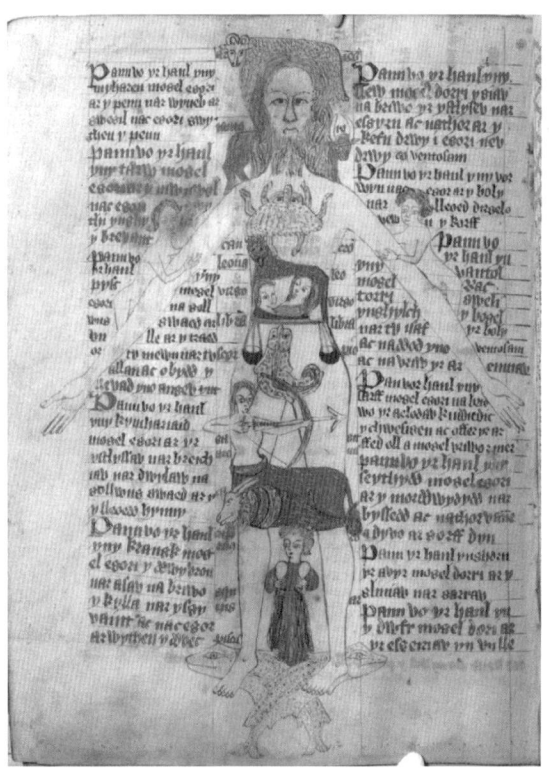

각각의 궁은 우리 인체와 상응한다. 머리 부위는 양자리, 목 부분은 황소자리, 팔다리는 쌍둥이자리, 가슴은 게자리, 심장은 사자자리, 위를 비롯한 소화기관은 처녀자리, 신장은 천칭자리, 생식기는 전갈자리, 엉덩이와 허벅지는 사수자리, 뼈와 골격은 염소자리, 발목은 물병자리, 발은 물고기자리와 상응한다.

08 4방위와 달 모양

천궁도 방위

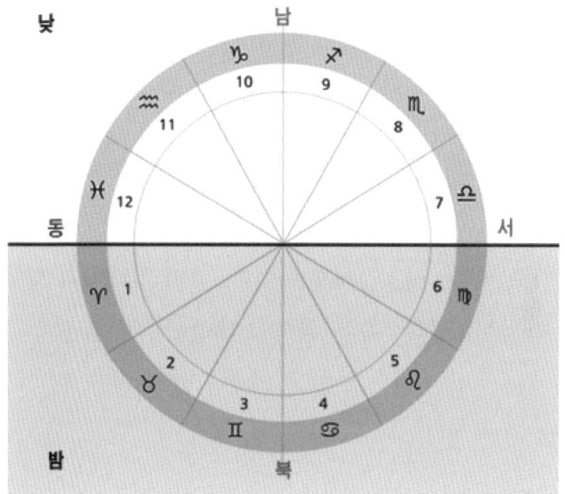

천궁도의 방위를 살펴보면, 좌측 양자리 시작이 해가 떠오르는 동쪽 지평선에 해당된다. 천궁도를 가로로 절반으로 나누었을 때, 윗부분은 낮이고, 아랫부분은 밤이다. 해는 동쪽에서 떠서 서쪽으로 지며, 한낮의 태양은 우리의 머리 위 천장 위에 떠 있다. 따라서 좌측이 동쪽, 우측이 서쪽이며, 상단이 남쪽, 하단이 북쪽이다.

참고로 우리나라의 방위도는 위가 북쪽, 아래가 남쪽, 우측이 동쪽, 좌측이 서쪽에 해당된다. 하느님이 북쪽 하늘에 좌정하여 아래를 굽어 보는 형태이기 때문에 북쪽을 상단에 배치시키는 형태이다. 즉, 관찰자가 지표면에 발을 딛고 하늘을 바라보느냐, 아니면 위에서 지구 전체를 바라보느냐의 차이에 따라서 방위의 관점이 달라지는 것이다.

방위는 출생 천궁도에서 자신에게 좋은 방위를 찾을 수 있는데, 길성(吉星)인 금성과 목성이 위치하는 곳이 본인에게 잘 맞고 좋은 방위를 나타낸다.

달 모양

달은 스스로 빛을 내는 천체가 아니다. 따라서 태양의 빛을 받아 반사하는데, 태양이 비치는 쪽은 환하고 태양이 비치지 않는 쪽은 암흑이다. 지구에서 보이는 달의 모습은 언제나 한쪽 면만 볼 수 있고 달의 반대편은 볼 수가 없다.

달의 모양은 지구와 달 그리고 태양의 위치에 따라 그 모양이 달라진다. 달은 한 달 동안 천궁도의 서쪽에서 동쪽으로 운행하며, 만월(滿月, 보름달)은 동쪽에 있고, 삭월(朔月, 그믐달)은 서쪽에 있다.

예를 들면, 만월은 서쪽으로 해가 지고 난 뒤 동쪽 하늘에서 떠오르고, 삭월은 태양과 같은 방향에 있기 때문에 달이 잘 보이지 않는다.

간혹 보인다면, 삭월 이후 달(초승달)은 태양이 지고 난 뒤 서쪽 하늘에서 볼 수 있고, 삭월 이전 달(그믐달)은 태양이 뜨기 전 동쪽 하늘에서 잠깐 볼 수 있다.

그믐은 음력의 마지막 날이고, 삭(초하루)은 음력의 시작 날로 삭은 신월(新月)이라고도 한다.

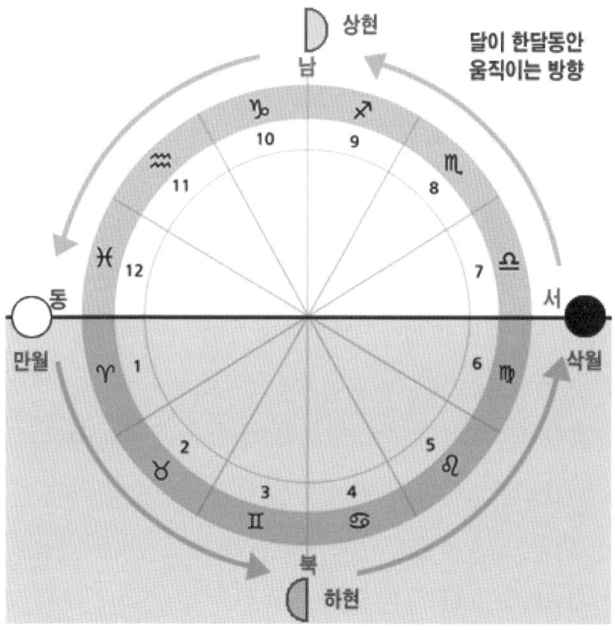

달이 태양에 가까이 갈수록 얇은 그믐달 모양이 되며, 달과 태양이 겹쳐지면 삭월 혹은 신월이 된다. 달이 태양에서 90도 떨어진 곳이 상현(上弦) 또는 하현(下弦)이며, 180도 떨어졌을 때는 만월(보름달)이다.

상현(반달 ☽): 달의 서쪽 절반을 볼 수 있는 시기. 태양과 90도.
하현(반달 ☾): 달의 동쪽 절반을 볼 수 있는 시기. 태양과 90도.
만월(보름달 ○): 달의 전체를 볼 수 있는 시기. 태양과 180도.
신월 또는 삭월(그믐달 ●): 달이 보이지 않는 시기. 태양과 0도.

달의 모양은 달의 위치와 더불어 태양빛이 비치는 각도, 지구에서 달을 바라보는 각도에 따라 매일 밤 변한다. 태양이 하나의 궁(30도)을 지나는 동안, 달은 지구를 한 바퀴 회전한다. 보름달, 그믐달, 반달 등은 달의 모양에 따른 이름이다.

상현(☽)으로 차오르는 초기 달 모양을 신월 혹은 삭월이라 하며, 초하룻날[15]을 뜻한다. 신월은 밤하늘에 달이 손톱만큼 보이거나 아예 보이지 않는 상태이다. 신월은 태양-달-지구 순으로 놓이며, 이때는 달이 태양과 함께 뜨고 진다. 일식 때도 태양-달-지구 순으로 놓이지만, 달의 공전궤도와 태양의 공전궤도가 5도 차이가 나므로 평상시에는 일식 현상이 일어나지 않는다. 일식은 황도(黃道)[16]와 백도(白道)[17]가 정확히 일치할 때 발생한다. 또한 하현(☾)에서 이지러지는 달 모양을 그믐이라 한다. 그믐은 음력의 마지막 날이다. 그믐달은 관측이 힘들거나 동쪽 새벽녘에 잠깐 볼 수 있다.

보름달은 태양-지구-달 순으로 놓이며, 월식이 일어날 때와 비슷하다. 보름달은 만월, 망월(望月)이라고 불린다.

---

15 매달 첫째 날.
16 태양이 지나가는 길.
17 달이 지나가는 길.

달은 신월(삭) → 초승달 → 상현 → 보름달(망) → 하현 → 그믐 순으로 위상이 변한다. 보름달에서 보름달로 돌아오는 주기는 정확하게 29.53일이다.

09 하우스별 분류

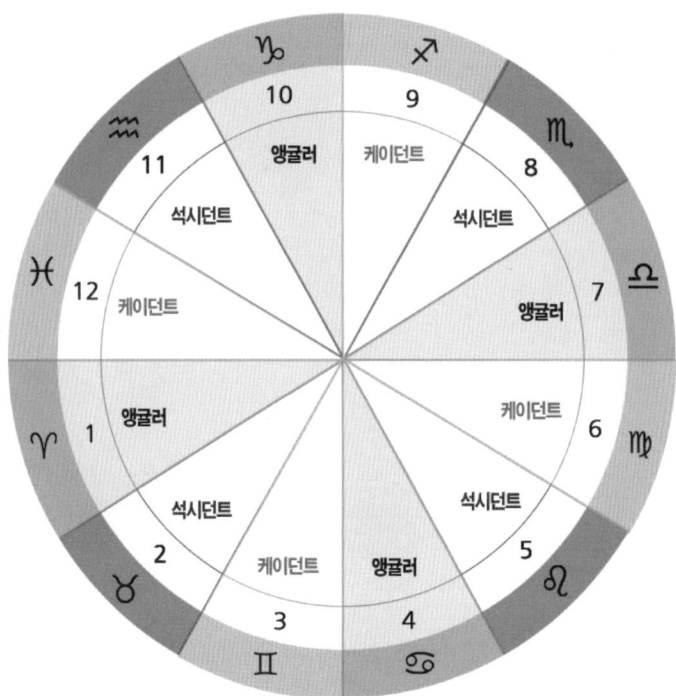

하우스는 영향력이 미치는 정도에 따라 크게 세 가지로 분류할 수 있다. 네 개의 모서리를 이루고 있는 앵귤러 하우스(angular house), 연속된 하우스인 석시던트 하우스(succedent house), 그리고 마침의 하우스인 케이던트 하우스(cadent house)로 분류할 수 있다. 각각의 특징을 알아보도록 하자.

앵귤러 하우스

모서리 혹은 활동적인 하우스를 '앵귤러 하우스(angular house)'라고 표현한다. 앵귤러 하우스에는 상승점(上昇點), 천정점(天頂點), 하강점(下降點), 천저점(天底點)이 위치한다. 차트에서 영향력이 가장 크고 두드러지는 하우스이다. 자신과 배우자 그리고 가정과 사회 활동 등 삶에 있어서 결정적인 중요한 것들을 담당하는 하우스이다. 앵귤러 하우스는 1하우스, 4하우스, 7하우스, 10하우스가 포함된다. 1하우스는 자기 자신의 방이고, 4하우스는 가족의 방이며, 7하우스는 배우자의 방, 10하우스는 사회 활동의 방이다. 삶에 있어서 중요한 부분을 다루는 하우스이기도 하다.

석시던트 하우스

다음에 이어지는 연속 하우스를 '석시던트 하우스(succedent house)'라고 표현한다. 앵귤러 하우스 다음에 오는 하우스로, 2하우스, 5하우스, 8하우스, 11하우스가 석시던트 하우스에 해당된다. 앵귤러 하우스보다는 영향력이 덜한 하우스로, 재물을 벌고 쓰고 즐기는 생산적인 하우스들이다.

케이던트 하우스

마침 또는 떨어지는 하우스이며, 케이던트 하우스(cadent house)라고 표현한다. 석시던트 하우스 다음에 오는 하우스로, 3하우스, 6하우스, 9하우스, 12하우스가 케이던트 하우스에 해당된다. 케이던트 하우스는 의사소통과 보이지 않는 정신적인 것들을 나타내며, 감추어진 하우스이자 다음 시간을 준비하는 하우스이다. 그래서 표면으로 드러나는 것이 다소 약한 하우스이다.

10 네 개의 모서리

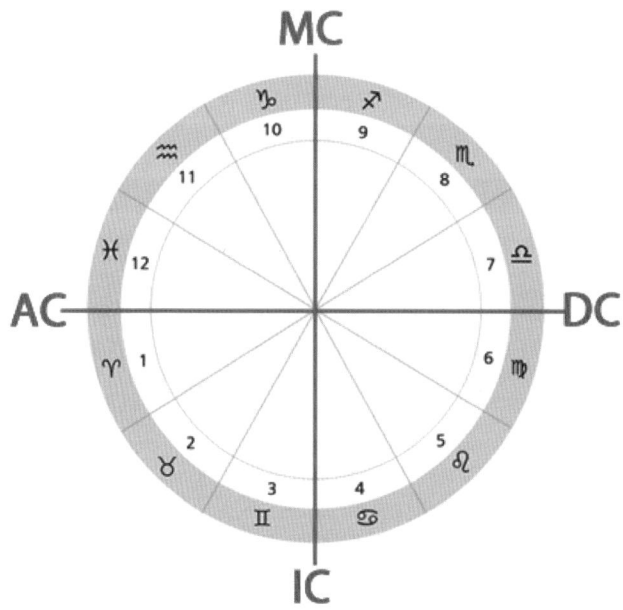

상승점(AC)

상승점(上昇點)은 어센던트(ascendant)라고 하는데, 줄여서 AC라고 표시한다. 1하우스 시작점이다. 동쪽 지평선에 떠오르는 황도대의 별자리가 시작되는 지점으로, 처음 시작을 알리는 중요한 포지션이다.

어둠속에 감추어져 있던 물체가 처음 빛을 받아 그 형체가 모습을 드러내기 때문에 상승점은 어떤 개체의 형체를 나타내주는 중요한 시점이 된다.

출생 차트에서도 처음 지평선에 떠오르는 상승궁의 특징에 따라 천궁도 주인의 생각과 자각 등 개인의 개체를 형성하는 모습들이 수면 위로 떠오른다. 마치 태양이 떠오르면 물체의 형상이 드러나는 것처럼……

동양에서는 상승궁을 명궁(命宮)이라고도 한다. 탄생 시에 지평선에 떠오르는 별자리는 그 사람의 명(命)을 좌우한다고 하여 명궁이라고 하는 것이다.

상승궁은 개인의 신체와 건강을 다스리기 때문에 상승점이 위치하는 궁은 차트 주인의 신체적 특징과 생김새를 보여준다. 또한 상승점의 로드(lord)는 천궁도의 주인 행성(지배성)으로, 로드가 위치한 궁의 특징을 살펴 그 사람의 성격이나 성향을 알 수 있다.

예를 들어, 상승점이 쌍둥이자리(Ⅱ)에 걸쳐져 있다면 상승궁의 로드는 수성(☿)이 된다. 수성이 어느 궁에 위치하는지를 살펴 그 사람의 성격과 기질을 파악하면 된다. 만약 수성(☿)이 사수자리(♐)에 위치한다면, 이 사람의 성격은 사수자리(♐) 수성(☿)의 성격을 띨 것이다. 이상과 꿈이 크고 생각을 함에 있어서 폭넓은 사고로 정보를 받아들이며, 개방적이고 사교성이 좋을 것이다. 또한 상승궁은 쌍둥이자리(Ⅱ)이기 때문에 머리는 작은 편에 목은 가냘프고 전체적인 분위기는 영리하게 생겼을 것이다. 이런 식으로 외형은 상승점이 걸쳐 있는 궁을 살피고, 기질은 상승점 로드를 살핀다.

개인의 명운을 구체적으로 알기 위해서는 탄생 시의 모든 천체들의 위치가 파악되어야 한다. 그리고 그의 명운을 가장 크게 결정하는 것은 탄생 시에 지평선에서 막 떠오르는 별자리이다. 이 별자리가 한 사람의 명운을 결정한다고 하여 명궁이라고 하는 것이다.

상승점은 태양과 달만큼이나 중요한 포지션으로, 출생 차트에서는 태어난 시간에 의해 좌우된다. 상승점이 시작되는 첫 번째 하우스 안에 있는 행성은 상승점과 가까이 위치하고 있고, 처음 빛을 발하면서 떠오르는 행성이기 때문에 매우 중요하다. 이 행성을 상승 행성이라 부른다. 상승 행성은 개인의 기질에 크게 영향을 미친다. 또한 상승점 근처에 위치한 행성은 개인의 기질과 성향에 강한 영향을 미치기 때문에 태양만큼이나 중요하게 취급한다.

상승궁이 화상궁, 지상궁, 풍상궁, 수상궁에 위치할 때마다 인간이 추구하고 중요하게 생각하는 마음들이 달라지는데, 각각의 궁에서는 다음과 같은 마음을 중요시한다.

불의 상승궁(양자리 ♈, 사자자리 ♌, 사수자리 ♐): 열정
흙의 상승궁(황소자리 ♉, 처녀자리 ♍, 염소자리 ♑): 안전
공기의 상승궁(쌍둥이자리 ♊, 천칭자리 ♎, 물병자리 ♒): 소통
물의 상승궁(게자리 ♋, 전갈자리 ♏, 물고기자리 ♓): 직관

천정점(MC)

천정점(天頂點)은 중천점(中天點)이라고도 불리며, 천궁도의 맨 위의 점이다. 미디엄 코엘리(medium coeli)라고 하며, 약자로는 MC로 표기한다. 황도와 자오선(子午線)의 교차점으로, 태양이 중천 위에 가장 높이 떠 있는 곳이다. 천정점은 9하우스와 10하우스의 중간 지점에 위치하며, 직업과 지위, 출세와 성공, 명예와 야심, 삶의 열망과 목적 등을 나타낸다. 출생 천궁도의 주인이 사회에 나가서 전문적인 기술과 성과를 익히고, 어떻게 성공해 나가는지, 또는 시련에 어떻게 반응하는지 알아볼 수 있는 포지션이다.

천정점은 가장 높이 떠올라 세상에 빛을 발하는 시기로, 누구나 인생에 한 번쯤은 꽃이 피는 시기가 찾아오기 마련이다. 이번 생에 펼칠 수 있는 최대의 힘과 열정을 다해 최고의 높이까지 올라갈 수 있는 그릇의 크기를 나타내준다.

특히 천정점 주변에 위치한 행성을 통해서 차트 주인의 야심과 열정을 살펴볼 수 있다. 특히 천정점의 로드(10하우스 로드)[18]를 통해서 성공하는 방식을 살펴볼 수 있다. 만약 천정점이 전갈자리에 걸쳐 있다면 천정점의 로드는 화성이다. 따라서 화성이 어느 궁에 위치하는지를 찾는다. 만약 화성이 염소자리에 위치한다면, 차트 주인은 매우 권력적이고 보수적이며, 정치적인 성향을 띨 것이다.

---

18 천정점은 10하우스 시작점이므로, 천정점의 로드와 10하우스 로드는 동일하다.

천저점(IC)

천저점(天底點)은 '하늘의 바닥'이라는 뜻의 이뭄 코엘리(imum coeli)로, 약자는 IC이다. 천궁도의 가장 아랫바닥으로, 3하우스와 4하우스 사이에 IC가 위치한다. IC는 지하계를 나타내며, 4하우스 시작점에 위치하기 때문에 부모, 가족, 가문, 근원, 뿌리와 연결되어 있다.

천저점은 가문의 뿌리이자 근원의 에너지를 나타내고, 무의식 속에 잠재해 있는 의식적인 부분도 나타낸다. 부모로부터 이어받은 물질적, 정신적 카르마나 신체적 유전성과 더불어 고향에 대한 향수, 가문이나 고향의 영향력을 나타내준다. 즉, 뿌리와 관련이 있다. 가족 간의 관계성과 더불어 삶의 기반을 나타내고, 삶 속에서 자신을 묶고 있는 카르마적 영향을 살펴볼 수 있는 곳이 천저점이기도 하다.

하강점(DC)

하강점(下降點)은 디센던트(descendant)라 하고, 약자로는 DC로 나타낸다. 상승점으로부터 정반대편이자 180도 떨어져 있는 점이다. 하강점은 7하우스 시작점에 위치하며, 가족 외에 외부로부터 들어오는 깊은 인연, 특히 배우자를 통해 배울 수 있는 것들을 포함한다. 즉, 가장 밀접한 인간관계를 살펴볼 수 있는 앵글이 바로 하강점이다.

AC(ascendant) — 상승점(자기 자신)
MC(medium coeli) — 천정점(자신의 성공)
IC(imum coeli) — 천저점(자신의 가족)
DC(descendant) — 하강점(자신의 배우자)

Chapter 2

각과 행성

01 각

 점성학에서는 행성과 행성, 행성과 가상점, 행성과 네 모서리(angle)인 상승점(AC), 천정점(MC), 천저점(IC), 하강점(DC)과 각을 맺는 것은 매우 중요하다. 네 모서리는 우리 인생의 길흉화복에 직접적인 영향을 끼치는 중요한 지점이며, 운의 발복(發福) 시기와 관련이 있기 때문이다.
 반면에 행성과 행성이 만나는 것은 인연과 인연이 관계성을 맺는 것에 비유할 수 있다. 특정 행성과 행성이 맺는 각이 서로 호의적인 위치에 있는지, 아니면 비호의적인 위치에 있느냐에 따라 운의 좋고 나쁨에 영향을 줄 수 있기 때문이다.

 예를 들어 축구를 할 때 어떤 선수가 어느 포지션에 있느냐에 따라 영향을 받듯, 별들도 어떤 위치에 어떻게 위치하느냐에 따라 영향을 받는 크기나 영향력은 확실히 달라진다.
 만약 자신의 로드(주인 행성)가 길성(吉星)인 목성, 금성과 긍정적인 각으로 연결되면, 길한 빛을 받아 일이 풀리는 데 도움을 줄 것이다. 그러나 자신의 로드가 흉성(凶星)인 토성과 부정적인 각으로 연결되면, 일이 묶이거나 지연되는 등의 상황에 처할 수 있다. 흉성이지만 토성과 길각(吉角)을 맺고 있다면 끈기와 인내 속에서 일이 서서히 긍정적인 방향으로 풀려나가게 될 것이다. 즉, 행성과 행성이 맺고 있는 각은 서로가 서로에게 어떤 영향을 미치는지를 살펴볼 수 있는 좋은 지표가 된다.

각(角, aspect)은 관계성을 나타내는 지표이기도 하다. 사람도 관계성을 맺듯, 별들도 서로 영향을 끼치며 관계성을 맺는다. 관계성을 맺는다는 것은 나의 에너지 환경 속에 긴밀한 영향을 줄 수 있는 어떤 대상을 포함시키는 것이다. 우리는 태어나서 부모의 빛을 받고 자라고, 성인이 된 후에는 배우자의 빛을 받으며, 자식이 생기고 난 후에는 자식의 빛을 받는다.

행성들도 하나의 관계성을 만든다. 태양이라는 아버지를 중심으로 행성들이 서로 간섭하면서 하나의 계(system, 系)를 이룬 것이 바로 태양계이다. 우리는 부모의 빛을 받으며 자라기도 하지만, 자연의 에너지를 받으며 자라기도 한다. 태양과 달 그리고 행성들이 나에게 영향을 주고 내 주변 사람들도 나에게 영향을 끼친다. 행성들이 어떤 포지션에서 어떤 빛을 비추느냐에 따라 나를 둘러싼 간섭무늬(interference fringe)[19]는 달라진다. 빛과 빛이 만나 새로운 빛을 형성하고, 서로가 서로에게 영향을 끼치며, 우리는 그렇게 성장한다.

우리 인간도 어떤 사람을 어떻게 만나느냐에 따라서 간섭무늬가 바뀌고, 어떤 사람과는 상생의 흐름을 만드는가 하면, 어떤 사람과는 상극의 흐름을 만들기도 한다. 만약 상극인 두 사람도 어떤 처지에서 어떻게 만나느냐에 따라서 관계성이 달라지기 때문에 행성과 행성 간의 관계는 무척이나 중요하게 판단한다.

---

19 두 갈래의 파동이 만났을 때, 일으키며 형성되는 무늬를 말한다.

02 각의 종류

각은 주요각(major aspect)과 보조각(minor aspect)으로 나눌 수 있다. 주요각은 영향력이 큰 편이고, 보조각은 미비하지만 부분적으로 영향을 줄 수 있는 정도로 이해하면 된다.

천궁도에서 몇 가지 주요각은 꼭 알아둘 필요가 있다. 주요각으로는 합(♂, 거의 0~10도), 육각(✱, 60도), 사각(□, 90도), 삼각(△, 120도), 충(☍, 180도)이 있다.

육각(✱)이나 삼각(△)이 호의적으로 도움을 주는 포지션이라면, 사각(□)과 충(☍)은 방해 내지는 어려움을 주는 포지션이다. 합(♂)은 길성과 합(合)일 때는 긍정적인 영향을 주지만, 흉성과의 합은 부정적인 영향을 준다.

기본 각	기호	각도
합	♂	0~10도
육각	✱	60도
사각	□	90도
삼각	△	120도
충	☍	180도

합

 합(合)은 컨정션(conjunction)이라 하며, 약자는 Con이다. 합은 행성과 행성이 겹칠 때이다. 행성과 행성이 모여 합(合)을 이룰 때 "회합(會合)을 했다"라고 표현한다.

합은 행성과 행성이 약 0~10도 내외에 있을 경우를 말한다. 각 행성마다 합의 각도 범위는 다르다. 합은 두 개의 행성이 겹쳐지기 때문에 그 효과가 증폭되므로, 차트에서 매우 중요하게 여긴다.

어떤 행성과 합쳐지느냐에 따라 그 힘이 증폭되기도 하고 상쇄되기도 한다. 만약 길성인 금성(♀)과 목성(♃)이 합(☌)이 되었다면 좋은 기운이 증폭되겠지만, 길성인 금성(♀)과 흉성인 토성(♄)이 합(☌)을 하게 되면 금성 본래의 힘을 일정 부분 제어 당하게 된다. 즉, 토성의 엄격함이 금성의 사치를 제어하기 때문에 금성으로서는 스트레스를 받게 된다.

위에서 금성과 토성을 예로 들었지만, 합의 영향력은 각 행성들마다 각기 다르다. 만약 행성이 다른 행성으로부터 압박을 받고 있는 상황에서 흉성과 합이 이루어졌다면 시련과 어려움은 배가될 것이다.

하나의 예를 더 들면, 변덕이 심한 달(☽)이 극단적 성향의 화성(♂)과 합(☌)을 이루면 감정에 휩싸여 본능에 의한 사건 사고를 발생시키기 쉽다. 각각의 행성과 행성이 합을 이루었을 때의 상황을 유추하면서 이야기를 풀어나갈 수 있다.

매달 태양(☉)과 달(☽)이 합(☌)을 이루는 때는 그믐달이다. 즉, 이 시기는 달빛이 가장 약해진다. 반대로 음기가 가장 강한 때는 보름달이 뜨는 날이다.

• 카지미와 컨버스트

태양이 행성과 17분 이내로 가깝게 붙어 있으면 '카지미(cazimi)' 상태라고 한다. 즉, 태양의 중심부에 행성이 들어오는 상태이다. 카지미는 "왕의 은총을 입는다"는 표현을 쓴다. 태양은 왕을 상징하는데, 왕의 보호막 안에 가까이 붙어 있기 때문에 왕의 은총을 입는다는 표현을 쓰는 것이다. 만약 17분 이상으로 회합을 한다면 '컴버스트(combust)'라고 한다. 컴버스트는 17분 이상으로 벗어났으나 8도 30분 안에 들어오는 것을 말한다. '합'이기는 하나 왕의 은총을 완전히 받지 못하는 상태이다. 다시 말해, 컴버스트는 왕의 은총을 입기까지 많은 시련을 겪을 것이며, 에너지가 많이 소모(연소)되는 지점을 말한다.

육각

 육각은 섹스타일(sextile)[20]이라 하며, 약자로는 Sex이다. 행성과 행성, 행성과 가상점 간에 각이 60도를 이룬다. 삼각보다는 그 힘이 약하지만 조화와 균형을 맞출 수 있는 포지션이다. 평균 이상의 긍정적 효과를 기대할 수 있는 각으로 기회를 제공해준다.

---

20 천체 두 개가 서로 60도 떨어진 것.

삼각

삼각은 트라인(trine)[21]이라 하며, 약자는 Tri이다. 행성과 행성, 행성과 가상점 간에 각도가 120도를 이루는 삼각 모양의 각으로, 안정적인 삼각형을 이루기 때문에 매우 좋은 각으로 여겨진다. 삼각은 균형과 조화가 있으며, 행성과 행성이 서로 간에 도움을 주는 포지션에 위치하는 것으로 힘의 탄력이 붙는 곳이다. 많은 에너지를 소모하지 않더라도 힘이 힘을 더해주는 격으로, 매우 좋은 결과를 도출할 수 있는 각이다. 안정과 만족을 가져다주는 포지션이기 때문에 노력보다는 운에 영향을 받는 곳이기도 하다.

만약 달(☽)과 금성(♀)이 삼각(△)을 이루고 있다면, 달의 민감함과 예민함이 금성의 세련됨과 만나서 더욱 부드럽고 여성스러운 에너지가 발현된다. 행성의 부정적인 면보다는 긍정적인 면을 더 부각시킬 수 있는 각이기도 하다. 또 하나의 예를 들면, 음의 상징인 달(☽)과 양의 상징인 태양(☉)이 삼각(△)을 맺으면, 음양이 조화로운 위치에서 빛을 쏘아주고 있는 형국이라고 할 수 있다. 어머니와 아버지의 사랑을 받아 안정되게 성장하는 것처럼 안정적으로 일을 진행할 수 있는 환경과 조건이 부여된다. 여기에 행성의 위계까지 높으면 외모 또한 균형이 바르게 잡혀 있을 것이다.

---

21 "3분의 1 대좌(對座)한다"는 뜻으로, 두 개의 별이 서로 120도 떨어져 있는 것.

사각

□　　사각은 스퀘어(square)²²라고 하며, 약자로는 Squ이다. 90도의 각도를 이루는데, 사각이 이루는 각은 긴장, 경고, 압력 등을 나타낸다. 행성과 행성이 '사각'을 이루고 있다는 것은 에너지적으로 팽팽한 힘의 대결이 이루어지고 있는 형국이다. 자연스럽게 긴장을 하게 되고 팽팽한 압력을 받으며, 내적으로는 갈등하고 때로는 경고를 받을 수 있는 긴장과 억제의 각이기도 하다. 그만큼 에너지가 많이 소모되며 노력이 필요한 각이다. 그러나 사각은 많은 노력을 필요로 하지만 성공을 위한 힘의 원천이 될 수 있다. 저항은 더 큰 에너지를 요구하기 때문에 삼각의 안일함보다는 성공에 있어서는 어느 정도 긴장이 도움이 된다.

　만약 목성(♃)과 토성(♄)이 사각(□)을 이루고 있다면, 목성은 확장하는 힘이고 토성은 응축하는 힘이므로, 확장하려는 힘이 응축하는 힘의 억제를 받아 사사건건 방해가 들어오고, 더 많은 에너지와 더 많은 노력을 필요로 할 것이다. 그러나 반대로 목성의 허세나 무모함을 현실적인 토성이 어느 정도 제어하는 역할을 하기도 한다.

22　정사각형 모양.

충

충(衝)은 오포지션(opposition)[23]이라 하며, 약자로는 Opp이다. 행성과 행성이 180도의 각을 이루고 있으며, 행성의 반대편이 되는 자리에 위치한다. 행성 간의 힘과 힘이 충돌하는 지점에 위치하기 때문에 대립, 갈등, 긴장 등을 나타낸다. 팽팽한 긴장감과 대립 속에서 힘과 힘이 충돌하는 지점이기 때문에 그만큼 에너지가 많이 소모되지만 사각과 마찬가지로 긴장과 갈등은 힘의 내성을 키울 수 있는 계기가 되므로 성공의 원천이 될 수 있다. 힘과 힘이 부딪쳐 움직임을 정지시킨 상태이다.

모든 힘과 힘, 대립과 대립은 시간을 지연시킨다. 힘과 힘이 비슷하기 때문에 일의 진행이 안 되고, 힘겨루기를 하고 있는 상태이다. 어느 한쪽의 힘이 약해질 때, 또는 어느 한쪽이 물러날 때, 비로소 가던 길을 다시 갈 수 있고 멈추었던 시간이 다시 흐른다. 한편으로 충은 자신의 내성과 내면을 다스리는 시간을 갖는 것이다. 힘의 충돌 사이에서 강한 내성을 기를 수 있는 장치가 되기도 한다.

---

23 대립, 반대, 상반, 저항.

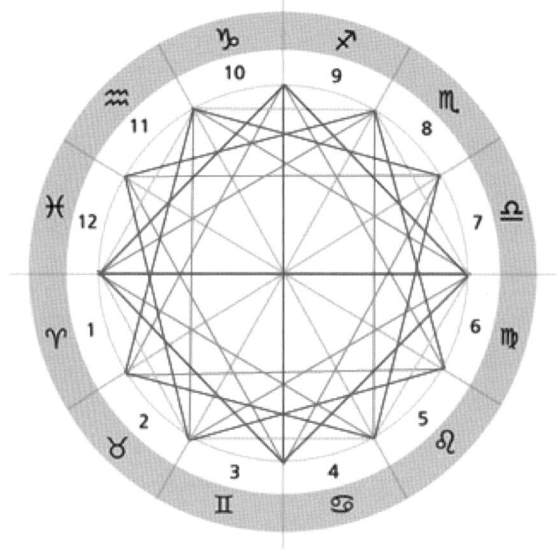

천궁도 상에서 각 도의 색상은 좋은 영향을 미치는 각은 '녹색' 계열로 표시하고, 안 좋은 영향을 미치는 각은 '적색'으로 표시한다. 예를 들어 삼각, 육각 등은 초록색, 사각은 붉은색으로 나타내는 경우가 많다.

기타 보조각

보조각(補助角)은 요하네스 케플러(Johannes Kepler, 1571~1630년)[24]에 의해 소개가 되었으며, 다음과 같은 각들이 있다. 오엽각(五葉角, 150도), 팔각(八角, 45도), 삼배팔각(三倍八角, 135도), 십이각(十二角, 30도),

---

24 천문학자이자 점성학자로, 17세기 천문학 혁명의 핵심 인물이다.

오각(五角, 72도), 이배오각(二倍五角, 144도)이다. 보조각은 미세한 영향력을 살펴볼 때 사용하며, 이런 각이 있다는 것을 참고해두면 좋다.

• **오엽각**

기호는 ⊼ 이며, 인컨정트(inconjunct, Inc) 또는 퀸컹크스(quincunx)라고 한다. 각도는 150도이다. 360도의 12분의 5에 해당되므로 '오배십이분위각'이라고도 부른다. 긴장을 유발할 가능성이 있는 각이다.

• **팔각**

기호는 ∠ 이며 세미스퀘어(semi-square, SSq)라 부른다. 45도의 각도로 반직각이다. '팔분위각'이라고도 하며 360도의 8분의 1이다. 다소 어려움이 발생할 수 있는 각이다.

• **삼배팔각**

기호는 ⚃ 로 사각형에 팔각 기호가 합해진 형태이다. 세스퀴쿼드레이트(sesquiquadrate, Ses)라고 하며, 135도의 각도이다. 직각과 반직각의 합인 135도(90도+45도=135도)이다. 45도(팔각)의 세 배에 해당하므로 '삼배팔분위각'이라 부른다. 팔각과 비슷하게 다소 긴장이 발생할 수 있는 각이다.

• **십이각**

기호는 ⋎ 이며, 세미섹스타일(semi-sextile, SSx)로 30도의 각도이다.

360도를 12분의 1로 나눈 각으로, '십이분위각'이라고도 한다. 동기를 부여하는 영향을 미칠 수 있으나 현실성은 미미하다.

- 오각

기호는 Q이고, 퀸타일(quintile, Qui)이라 부르며 72도의 각도이다. 360도를 5분의 1로 나눈 각으로 '오분위각'이라고도 한다. 오각(pentagon)을 이루며 적당히 이롭게 도움을 주는 각이다.

- 이배오각

기호는 bQ이며, 바이퀸타일(biquintile, Bqt 또는 Bqn)이라 부른다. 144도의 각도로, 오각의 두 배(72도×2=144도)이다. '이배오분위각'이라고도 한다. 오각과 유사한 영향을 미친다.

03 각과 행성의 영향력

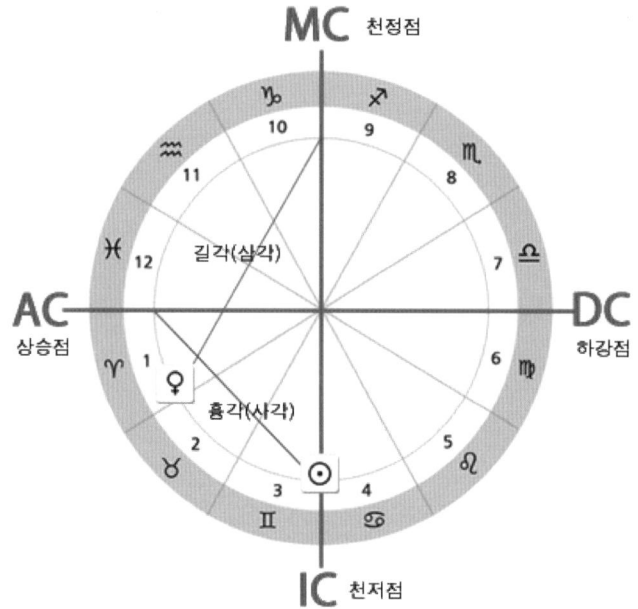

네 모서리(천정점, 천저점, 상승점, 하강점)와 행성이 맺는 각을 알아보자.

상승점은 1하우스(자신의 방)의 시작점이며, 자신의 기질과 성격을 나타낸다. 하강점은 7하우스(배우자의 방)의 시작점으로, 자신에게 들어오는 인연과의 긴밀한 관계성을 나타낸다. 즉, 자신의 방 반대편에 있는 타인의 방이다.

천정점은 10하우스(사회생활의 방)의 시작점으로, 사회에 어떤 일원이 될 것이며, 사회 활동을 어떻게 해나가는지를 보여준다. 천정점의 반대편에 있는 천저점은 4하우스(아버지 방)의 시작점으로, 가문의 뿌리와 관련이 있다. 특히 카르마와 연관이 있으며, 가족 간의 카르마 고리가 묶여 있으면 사회 활동이 어렵다.

이 네 가지 모서리는 매우 중요한 지점들이다. 네 모서리가 각각의 행성과 어떤 각을 맺느냐에 따라서 일이 풀려나가는 과정이 달라지고, 특성과 기질이 달라진다. 네 모서리 중 크게 중요한 부분은 상승점과 천정점이다. 상승점은 신체와 연관된 운을 살펴볼 수 있고, 천정점은 사회 활동이 이루어지는 과정을 살펴볼 수 있기 때문에 천정점과 상승점을 위주로 살펴볼 것이다.

천정점과 행성

천정점은 사회 활동과 관련된 모서리이다. 각 행성이 천정점과 어떻게 연결되었느냐에 따라서 그 사람이 어떤 도움을, 어떻게 받는지를 살펴볼 수 있다. 천정점이 태양과 연결(길각, 흉각 모두 포함)되면 공적인 흐름과 연관이 있다.

출생 천궁도에서 천정점이 태양과 연결되어 있는 경우는 공직[25] 또는 국가기관[26] 등에서 일할 가능성이 높고, 하는 일 또한 분명하고 명확한 일을 하게 될 것이다. 특히 태양이 천정점(10하우스 포함)에 위치하는 경

---

25 국가기관이나 공공단체의 일을 맡아보는 직책이나 직무.

26 국가의 통치 작용을 담당하는 기관으로, 국회, 청와대, 법원, 시·군청, 경찰서, 교육청, 소방서, 보건소, 우체국 등이 있다.

우 공직 운이 좋다. 또한 천정점과 달이 길각으로 연결되는 경우는 일거리가 많이 찾아오고 직업적 행운이 따르는 사람이다.

천정점과 각 행성이 맺고 있는 각을 길각과 흉각으로 나누어 살펴보도록 하자.

- **천정점과 태양의 길각 연결**(MC △ ☉, MC ✷ ☉, MC ☌ ☉)

천정점과 태양이 삼각, 육각, 합을 이룬 경우, 길각을 맺은 것으로 판단한다. 천정점에 태양이 위치하고 있을 경우, 자신의 영향력이 사회에 크게 빛을 발한다. 하늘 높은 곳에 태양이 떠올라 빛을 비추는 형국으로, 천정점과 태양의 회합(會合, Conjunction)은 길하게 여긴다. 또한 육각보다는 삼각의 영향력이 더 크다고 판단한다.

천정점과 태양이 회합을 하거나 길각으로 연결되는 경우, 대체적으로 공적인 명예를 얻거나, 공직에 진출할 수 있는 기회가 찾아오기 쉽다. 사회에 나와 직업을 얻을 때, 큰 기관과 연결되거나 명확하고 분명한 일을 할 것이며, 지위와 명예를 얻기도 쉽다. 공무원, 교사, 감독관, 행정관, 사무관 등 국가기관과 연결된 공적인 일을 하는 직업을 가지면 좋다.

- **천정점과 태양의 흉각 연결**(MC ☍ ☉, MC □ ☉)

천정점과 태양이 흉각으로 연결되는 경우, 이 경우도 직업적인 부분에 있어서 공적인 일들과 연결되기 쉽다. 다만, 공적인 명예를 얻기까지 많은 우여곡절이 있거나 저항을 많이 받을 수 있으며, 중간에 직업을 바꾸거나 명예가 실추되는 일을 겪을 수도 있다.

- **천정점과 달의 길각 연결(MC △ ☽, MC ✷ ☽, MC ☌ ☽)**

 달은 변화가 많은 행성이다. 또한 일거리나 사건을 발생시키기 때문에 매우 분주하고 바쁜 환경을 만든다. 따라서 천정점과 달이 길각을 이루는 경우는 새로운 일거리가 생기거나 새로운 직장을 얻을 수 있는 행운이 따른다. 회사를 그만두어도 금방 취직이 되고, 일거리가 많이 몰려오는 편이다. 또한 새로운 직장을 얻을 때도 행운이 따르는 편이다.

 천정점과 달이 2하우스에서 삼각을 이루면, 생각지도 못한 돈이 갑작스럽게 융통될 수 있다. 돈이 들어온다는 것은 움직임이 발생했다는 것이고, 움직임은 돈을 돌게 만든다.

 돈이란, 가만히 앉아만 있으면 절대 들어오지 않는다. 하물며 복권이라도 사려는 움직임이 있어야 돈이 들어오는 것이다. 따라서 달은 움직임을 일으키고 돈을 융통시키기 때문에 좋은 직장에 취직되거나 돈이 들어오는 흐름을 만들 수 있다.

 천정점과 달이 회합하는 경우, 일에 변동성이 많이 따른다. 일이 잘 풀리는 것 같으면서도 갑작스럽게 막히는 등 성과 없이 분주한 일들에 파묻히기 쉽다. 이런저런 잡다한 일들이 많이 들어온다는 것은 직업적 변동성이 크다는 뜻이다. 따라서 천정점과 달이 회합을 하는 경우, 감정적 불안정 때문에 직장을 자주 옮겨 다니거나 직업이 바뀌기 쉽다.

- **천정점과 달의 흉각 연결(MC ☍ ☽, MC □ ☽)**

 천정점과 달이 대립하거나 사각을 맺는 경우, 잦은 다툼이나 감정 소모가 예상된다. 감정적인 문제에 부딪히거나 기싸움을 하기 쉽다. 달은 감정을 예민하게 만들기 때문에 일을 할 때 예민해지기 쉽고, 예민한 상태에서 충돌이 나면 다툼으로 이어지기 쉽다. 사회적으로 일을 하면서 감정이 격해지거나 감정과 관련된 싸움은 이 포지션에 해당된다.

달은 마음에 파장을 일으킨다. 마음에 파도를 일으키기 때문에 움직임을 발생시키고, 움직임은 에너지를 돌게 만든다. 에너지가 돌 때, 막혔던 부분은 사건 사고가 터지면서 에너지가 분출된다. 따라서 달은 변덕이 심한 여인같이 보이지만 에너지를 순환시키는 힘을 가지고 있다.

- **천정점과 수성의 길각 연결**(MC △ ☿, MC ✱ ☿, MC ♂ ☿)

수성은 좌뇌와 관련된 행성으로 머리를 쓰는 일, 즉, 연산, 암기 등을 이용한 시험, 공부, 사무, 회계, 문서와 관련이 있다. 천정점과 수성이 길각을 이루면, 공부 운과 시험 운이 매우 좋다. 배우고 익히는 데 머리 회전이 빨라지고, 배울 수 있는 최적의 환경을 만들기 때문에 공부가 잘되는 포지션이다.

천정점과 수성이 회합을 하는 경우, 수성 자체가 움직임이 빠른 행성이기 때문에 이 직업 저 직업 맛보면서 직종이 자주 바뀌기 쉽다. 호기심 때문에 직장에 들어가기도 하고, 또 새로운 정보를 흡수하기 위해 직장을 바꾸기도 한다.

- **천정점과 수성의 흉각 연결**(MC ☍ ☿, MC □ ☿)

천정점과 수성이 대립하거나 흉각을 맺을 경우, 문서 및 서류 관련 문제가 발생하기 쉽다. 소송에 휘말리거나 정보 및 소문 관련 문제가 생기기 쉽다. 즉, 정보를 전달함에 있어서 발생하는 오류로 인해서 잦은 문제를 야기할 수 있다. 또한 중간에 학업을 포기하거나 다른 학문으로 바꾸거나 진로 문제에 있어서 여러 곳을 돌아서 제자리를 찾아간다.

여러 가지 일을 경험해본다는 것은 각각의 정보를 모아 통합을 해야 하는 과정이 필요하기 때문이다. 이 포지션은 문서 관련 실수에 주의해야 한다.

- **천정점과 화성의 길각 연결**(MC △ ♂, MC ✶ ♂, MC ♂ ♂)

화성은 질서와 불의 행성으로, 조직 또는 리더십과 연관이 있다. 따라서 천정점과 화성이 길각을 맺는 경우, 리더십과 용기를 필요로 하는 직업을 얻으면 좋다. 천정점과 길각으로 연결되었다는 것은 자신의 기질이 직업을 통해 조화롭게 발현된다는 뜻이다.

지휘관의 역할, 혹은 리더십을 요하는 일에 잘 어울리며, 군대, 경찰과 관련된 일을 해도 좋다. 그러나 화성이 어느 하우스에 들어가 있느냐에 따라서 직업은 세분화된다.

만약 화성이 1하우스에 들어가 있는 상태에서 천정점과 길각을 맺으면, 기질 자체가 질서적이고 불기운이 강한 사람이라서, 군대, 경찰 등의 일들이 잘 어울린다. 그러나 화성이 2하우스에 들어가 있는 상태에서 천정점과 길각을 맺고 있다면, 돈을 벌어들이는 일에서 화성 기운이 발휘되므로, 호전적으로 투자해서 돈을 벌어들이는 금융 관련 회사(증권 및 투자회사)와 잘 어울린다. 특히 용기와 리더십을 요하는 직업을 가지면 좋을 것으로 보인다.

천정점이 화성과 회합을 하는 경우는 양면성이 있다. 일을 추진함에 있어서 강한 리더십이 있고 경쟁하면서 성장하려는 욕구가 강하다. 다만, 일을 하면서 분쟁이나 충돌에 휘말리기 쉬우니 이런 점은 인지해야 한다. 이 경우도 군대, 경찰과 관련된 일을 하기 쉽다.

여자 천궁도의 프로펙션(profection)[27]에서 천정점과 화성이 길각을 이루는 경우, 남성의 에너지가 연결되면서 결혼이 성사되는 것으로 본다.

- **천정점과 화성의 흉각 연결**(MC ☍ ♂, MC □ ♂, MC ☌ ♂)

천정점과 화성이 흉각을 이루는 경우, 일하면서 분쟁이나 다툼 혹은 충돌이 발생하기 쉽다. 화성의 기운이 잘 조절되지 않아 사건 사고가 발생하기 쉽고, 짜증이나 화를 내기 쉽다. 일에 있어서 충돌이 발생한다는 것은 '조정을 하라'는 뜻이다. 너무 자기 고집만 부리지 말고, 상대의 의견도 수용하면서 일을 처리하는 연습이 필요하다.

원래 흉성일 때의 회합은 안 좋게 보고, 길성일 때의 회합은 좋게 본다. 그런데 천정점과 흉성으로 간주되는 화성이 천정점과 회합하는 경우, 사회 활동을 함에 있어서 용기나 리더십의 발현은 조직을 이끌고 감에 있어서 긍정적인 결과를 도출하기 때문에 좋게 보는 경우가 많다.

- **천정점과 금성의 길각 연결**(MC △ ♀, MC ✶ ♀, MC ☌ ♀)

금성은 미(美)의 행성인 만큼 자신을 꾸미고 자신의 매력을 드러낼 수 있는 일들과 관련이 있다. 천정점이 금성과 길각을 이루고 있다면, 새로운 옷이나 물품과 같은 사치품을 얻기 쉽고, 자신의 환경을 화려하게

---

27 별들이 황도대를 따라 이동하면서 움직이는 정도를 나타낸다. 한 달, 1년, 10년 등 기간별 일정한 비율대로 별이 이동하는 방식이며, 특히 매년 프로펙션(annual profection)은 자주 사용된다.

치장하고 꾸밀 수 있는 행운이 따른다. 원하는 것을 쉽게 얻을 수 있는 포지션으로, 결혼이나 출산 등 기쁘고 즐거운 일들과 관련이 있다.

남성 천궁도에서 천정점과 금성이 길각을 이룰 때 결혼을 하기 쉽다. 여성의 경우는 결혼을 해서 새집을 얻는 등, 자신을 둘러싸고 있는 환경이 세련되고 풍요로운 환경으로 바뀔 수 있는 가능성을 내포하고 있다. 금성 자체가 길성이기 때문에 일을 함에 있어서 재정적 물자가 풍족하게 주어지는 것을 뜻한다. 천정점과 금성이 회합을 하고 있는 경우는 자신을 돋보일 수 있는 세련된 일과 잘 어울린다.

• **천정점과 금성의 흉각 연결(MC ♂ ♀, MC □ ♀)**

천정점과 금성이 흉각을 이루는 경우는 체면을 구기거나 망신을 조심해야 한다. 욕망이나 질투와 관련된 일들에서 말썽이 생기기 쉽다. 연애 또는 성 관련 문제가 발생하기 쉽고, 때로는 욕망을 조절하지 못하는 것 때문에 발생하는 실수들도 있다. 예를 들어 과식, 과음, 과욕 등 인간의 본능적 욕구와 관련된 일들에 대한 절제의 부족에서 발생하는 일들이 될 것이다. 술을 너무 마셔서 발생하는 일들, 성욕을 주체하지 못해서 발생하는 일들, 사치나 욕심과 관련된 일들에서 발생되는 실수를 조심할 필요가 있다. 그러한 사건을 통해서 자기 안에 존재하는 욕망의 원천을 들여다보고, 그와 관련된 일들에서 깨달음을 얻을 필요가 있다.

달이 마음 또는 감정과 관련이 있다면, 금성은 인간의 욕망과 관련이 있다. 사람의 에너지를 끌어당길 때 달은 동정심으로 끌어당긴다면,

금성은 자신의 매력(외모, 세련된 태도, 성적 매력, 매너 등)을 통해 끌어당긴다.

- **천정점과 목성의 길각 연결(MC △ ♃, MC ✶ ♃, MC ☌ ♃)**

목성은 풍요와 확장을 의미하는 행성이다. 이런 목성이 천정점과 길각으로 연결되면, 부와 명예를 얻거나 사회적 지위를 얻을 가능성이 높다. 주변에서 도와주는 사람들이 많고, 사람들에게 신뢰를 얻으며 자신이 얻고자 하는 직업이나 지위를 가질 수 있다.

목성의 확장성 때문에 천정점과 회합을 하는 경우, 사회적으로 이름을 떨칠 수 있는 큰일을 할 가능성이 높다. 또한 국가기관이나 공공기관 등에서 일하기 쉽다.

목성이 2번 방에 위치하면서 천정점과 삼각을 이루는 경우는 타고난 재물 운이 좋아서 재물을 가치 있게 쓰는 데서 빛을 발할 수 있고, 6하우스에 위치하면서 삼각을 이루는 경우는 직장에서의 승진에 유리하고 조직을 통한 명예 운이 좋다. 목성 길각은 성공과 부를 얻기에 최적의 포지션에 해당된다.

- **천정점과 목성의 흉각 연결(MC ☍ ♃, MC □ ♃)**

천정점과 목성이 대립하거나 사각을 이룰 때는 목표한 바를 이룰 수 있기까지 많은 방해가 예상된다. 결국에는 승리하겠지만 성공하는 과정에서 시기와 질투를 받기 쉽고 방해하는 흐름이 생기기 쉬우므로, 자신이 원하는 것을 얻기까지 많은 노력과 에너지가 소모될 것이다. 또는 자신의 능력은 부족하나 이상과 꿈이 높아 제대로 된 직업을 갖기 힘들 수 있다. 즉, 능력과 꿈의 불일치에서 오는 기다림의 시간이 길어질 수 있다.

• 천정점과 토성의 길각 연결(MC △ ♄ , MC ✶ ♄ , MC ☌ ♄)

토성은 노력과 인내의 행성이다. 천정점과 토성이 길각을 맺으면 오랜 시간 노력한 대가를 얻을 수 있고, 근면하고 성실하다. 노력과 인내의 열매를 얻을 수 있으며, 사람들에게는 성실한 사람이라는 평가를 얻기 쉽다. 이런 사람은 연륜 있는 사람의 눈에 띄기 쉽고, 윗사람의 눈에 들어 도움을 얻기 쉽다. 또한 신중한 판단력과 진중함이 빛을 발하기 때문에 한 분야에서 오랫동안 소중한 것을 지키는 전통적인 일이나 장인들에게 어울리는 포지션이다. 연륜 있는 사람들에게 인정받거나 도움을 얻을 수 있다.

만약 토성이 2하우스에서 천정점과 길각을 이루면 근검절약(勤儉節約)하며 돈을 모으고 지키는 일을 할 수 있다. 대신 토성은 에너지를 묶어두는 성질 때문에 돈에 인색하고 돈이 있어도 잘 쓰지 못한다.

토성이 흉성이기는 하나 천정점과 토성이 회합을 할 경우, 토성은 자기 자리를 지키려는 힘이 강하기 때문에 조직을 관리하는 운영자로서 성실하게 자신의 역할을 발휘할 수 있다.

• 천정점과 토성의 흉각 연결(MC ☍ ♄ , MC □ ♄)

천정점과 토성이 대립을 하거나 사각을 맺을 경우, 일의 진전이 안 되고 묶이는 경우가 많다. 일이 잘 풀리지 않아 비관하고 우울하기 쉽다. 고된 노동이 필요하거나 혹은 정신적 스트레스를 받기 쉽고, 일을 한

만큼 성과가 잘 나타나지 않으며 평가도 그다지 좋지 못하다. 그래서 계속 남 탓을 하기 쉽고, 무기력해지기 쉽다.

상승점과 행성

상승점은 차트 주인의 외형적인 부분과 연관이 있다. 신체적인 특징 및 기질을 살펴볼 수 있는 것이 바로 상승점이다. 이 상승점이 어떤 행성과 어떻게 연결되었느냐에 따라 그 사람의 품성, 기질, 신체적 조건이 결정된다.

상승점과 행성이 길각으로 연결되면 긍정적인 효과를 기대할 수 있는 반면에, 흉각으로 연결되면 부정적인 효과가 나타나기 쉽다. 따라서 상승점과 각각의 행성들이 어떤 각을 맺고 어떤 성향을 띠는지 살펴보도록 하자.

• **상승점과 태양의 길각 연결**(AC △ ⊙, AC ✱ ⊙, AC ♂ ⊙)

태양은 명예, 자아, 자존심과 관련이 있다. 또한 밝고 긍정적 빛을 띤다. 상승점과 태양이 길각으로 연결되면, 밝고 명랑하며 긍정적인 사람이다. 또한 몸도 건강한 편이다. 자신의 일이 명확하고 분명하며 밝은 기운을 내뿜는다.

상승점과 태양이 회합을 하고 있는 경우, 차트 주인은 밝고 긍정적이나 자존심이 세고 타인을 잘 의식하며, 자기중심적 성향을 띤다.

• 상승점과 태양의 흉각 연결(AC ☍ ☉, AC □ ☉)

상승점과 태양이 대립각 혹은 사각을 맺으면, 차트 주인의 품성은 자아가 세고 자존심이 강하며 허세가 강할 수 있다. 태양의 부정적인 측면이 드러나기 때문에 사치, 허영, 질투 등이 있다. 자기중심적으로 움직이려 하기 때문에 이기적으로 보이기도 한다.

• 상승점과 달의 길각 연결(AC △ ☽, AC ✶ ☽, AC ☌ ☽)

상승점과 달이 길각을 맺고 있다면 신체는 건강한 편이며, 음의 빛을 조화롭게 받기 때문에 감성이 발달하고 정이 많다. 달의 긍정적인 면이 부각되면서 감각적이고, 민감하며, 상대의 감정에 즉각적으로 반응하는 편이다. 상대의 마음을 잘 파악하고 상대를 잘 배려한다.

상승점과 달이 회합을 하는 경우는 좋은 것과 안 좋은 것을 동시에 포함하고 있다. 이 경우 감정에 치우치기 쉽고 변덕이 심하다. 상대의 감정에 너무 예민하게 반응하고 동정에 호소하며 눈물이 많다. 어느 정도 감정 조절이 필요하다. 또한 달의 변덕 때문에 일이 잘 풀리다가도 갑작스럽게 막히고, 막히다가도 잘 풀리는 등, 감정 상태에 크게 영향을 받는 편이다.

• 상승점과 달의 흉각 연결(AC ☍ ☽, AC □ ☽)

상승점과 달이 대립각 혹은 사각을 맺을 때는 달의 부정적 감정이 두드러진다. 달의 긍정적 상태는 섬세하고 감성적이며 정이 많다. 반면에 부정적 상태는 시니컬하고, 예민하며, 감정적이다. 조그만 일에도 쉽게 흥분하고 피해의식이 발현되면서 감정이 상하기 쉽다. 흉각으로 연결이 되었을 때는 이러한 부정적 기질이 전면에 나오기 쉽다. 그래서 매우 예민하고 민감하며 짜증을 부리기 쉽고 감정적으로 흥분하기 쉽다. 또한 건강도 썩 좋은 편은 아니다. 시름시름 아플 수 있으며 감정 상태에 몸이 반응한다. 감정 상태에 따라 음식을 폭식하거나 에너지가 잘 순환되지 않아 살이 찔 수 있다. 달은 여인, 민중 또는 백성 등을 상징하기 때문에 여인들과의 다툼에 휘말리기 쉽고, 감정적 싸움을 벌이기 쉽다.

- **상승점과 수성의 길각 연결(AC △ ☿, AC ✶ ☿, AC ♂ ☿)**

상승점이 수성과 길각을 맺고 있으면, 머리가 영리하고 눈치가 빠르다. 공부하고 책읽기를 좋아하며 정보를 잘 흡수하는 편이다. 상승점과 수성이 회합을 하는 경우는 공부하고 책읽기를 좋아하나, 큰 기운에 끌려들어가기 쉽고 눈치 보기 쉽다. 상승점이 수성과 연결된 사람들은 대체적으로 머리가 작은 편이다.

- **상승점과 수성의 흉각 연결(AC ☍ ☿, AC □ ☿)**

상승점이 수성과 흉각을 맺고 있으면, 수성의 부정적 측면이 과하게 나타난다. 너무 많은 정보를 흡수하려고 하거나 반대로 공부하기를 게을리할 수 있다. 잦은 소송이나 문서 관련 문제가 발생하기 쉽다.

- **상승점과 화성의 길각 연결(AC △ ♂, AC ✶ ♂)**

　상승점과 화성이 길각을 이루면 불기운을 잘 제어하고 다스린다. 리더십이 강하고 용기가 있으며 경쟁심리가 좋다. 또한 예의가 바르고 질서를 잘 따른다. 기운 조절을 잘하고, 과하지도 덜하지도 않게 절제하며 질서의식이 강하다.

- **상승점과 화성의 흉각 연결(AC ☍ ♂, AC □ ♂, AC ☌ ♂)**

　상승점이 화성과 대립각 혹은 사각을 맺으면, 화성의 부정적 속성이 두드러진다. 리더십은 강압적이고 독재적이며 힘을 과하게 사용하려는 경향이 있다. 이 포지션은 힘 조절을 잘할 필요가 있다. 힘 조절이 잘 안 되고 상대방과 기싸움을 하거나 본능적으로 누르려는 속성이 강해지면서 충돌이 발생하기 쉽다.

　상승점과 화성이 회합을 하고 있는 경우는 흉각의 연결로 본다. 이런 경우, 어릴 적 사건 사고에 휘말리기 쉽고, 얼굴에 흉터가 있거나 몸에 상처가 남기 쉽다.

- **상승점과 금성의 길각 연결(AC △ ♀, AC ✶ ♀, AC ☌ ♀)**

　상승점과 금성이 길각을 맺을 경우는, 대체적으로 조화롭고 균형 잡힌 외모를 갖는다. 멋을 잘 부리고 세련되며 꾸미기를 좋아한다. 청결하고 깔끔하며 심신이 안정이 되어 있다. 성장하는 동안 물질적 환경이 풍요롭고, 타고난 매력이 많다.

　상승점이 금성과 회합하는 경우는 허영과 사치가 있으며, 자신이 원하는 것은 어떻게든 얻으려 노력한다. 예뻐 보이려 하고, 미용과 패션에 관심이 많다. 또한 물질적 환경이 어느 정도 좋은 상태에서 출발할 수 있는 조건을 가진다.

• 상승점과 금성의 흉각 연결(AC ☍ ♀, AC □ ♀)

상승점과 금성이 대립각을 이루거나 사각을 이룰 때는, 질투나 사랑 관련 문제가 발생하기 쉽다. 욕망이나 본능과 연결되기 쉽고, 무언가를 얻기까지 많은 시간과 노력이 필요하다. 허영과 사치가 있으며, 남에게 보이는 것에 신경을 쓰고 외적의 모습에 과하게 집착하기도 한다.

• 상승점과 목성의 길각 연결(AC △ ♃, AC ✶ ♃, AC ☌ ♃)

목성은 풍성하고 풍요로운 별이기 때문에 상승점과 목성이 길각을 이루면, 심신이 안정되고 편안하며 대체적으로 건강한 삶을 영위한다. 물질 혹은 재정적으로도 안정된 환경에서 자랄 수 있고, 험한 꼴을 겪지 않고 보호받으며 성장할 수 있다. 통도 크고 관대하며 자비로운 성품을 가지고 있다.

상승점과 목성이 회합을 하는 경우, 외형적 모습에서 약간 각이 지고 넓은 얼굴형을 가질 가능성이 높다. 성품 또한 관대하고 배포가 넓으며 목성의 기질이 크게 발현된다.

• 상승점과 목성의 흉각 연결(AC ☍ ♃, AC □ ♃)

상승점이 목성과 대립각, 혹은 사각을 이루고 있으면, 시기와 질투를 받기 쉽고 경쟁자가 생기기 쉽다. 자만과 교만이 있으며 허세와 허영이 있을 수 있다.

- 상승점과 토성의 길각 연결(AC △ ♄ , AC ✶ ♄)

상승점이 토성과 길각으로 연결되면, 사람이 신중하고 진지하며 매사에 근면하고 성실하다. 노력형의 사람으로 조심스럽고 나대지 않으며 스스로를 단련하는 데 힘을 쓴다. 혼자 있기를 좋아하고 사색하기 좋아한다. 상승점과 토성이 연결되면 건조하고 마른 몸을 갖기 쉽다.

- 상승점과 토성의 흉각 연결(AC ☍ ♄ , AC □ ♄)

상승점과 토성이 대립각을 맺거나 사각을 맺으면, 비관적이고 우울하며 두려움이 많다. 피해의식이 강해서 스스로를 자책하기 쉽고 정신적 두려움을 느끼기 쉽다. 노력을 해도 성과가 미비하고 무기력해지기 쉽다.

행성과 행성

다음은 행성과 행성이 각을 맺을 때를 살펴보자. 각각 행성이 길각과 흉각으로 연결되었을 때 그 성질을 파악해보면서 행성의 특성을 파악할 수 있다. 태양과 달을 중심으로 몇 가지 행성의 예를 간단히 살펴볼 것이다. 각에 관한 해석들은 점성가마다 조금씩 다르겠지만, 나의 경우는 고대 점성 자료를 바탕으로, 실제 상담을 통해 얻은 데이터 분석에 기인했음을 밝혀둔다.

• 태양과 달의 길각 연결(☉ △ ☽, ☉ ✶ ☽)

　태양과 달이 길각으로 연결되었을 때, 태양은 양(陽)인 아버지고, 달은 음(陰)인 어머니이다. 따라서 양의 빛과 음의 빛이 적절히 조화를 이루면서 비추고 있기 때문에 안정된 환경을 제공할 것이다. 출생 천궁도에는 부모님이 안정된 환경을 만들어주었을 것이고, 태양과 달이 길각으로 연결되는 경우 대체적으로 외모가 균형 잡혀 있었다.

• 태양과 달의 흉각 연결(☉ ☍ ☽, ☉ □ ☽, ☉ ☌ ☽)

　태양과 달이 대립각으로 연결되었다는 것은, 음과 양의 기가 팽팽하게 맞서고 있다는 뜻이다. 이런 경우 일의 진행이 중단되거나 부모님이 서로 팽팽한 기싸움을 했을 가능성이 높다. 또한 사각으로 연결되었을 경우는 부모님이 서로 간에 긴장 상태로 지냈을 가능성이 높다.
　태양과 달이 회합을 하는 경우는 그믐 때로, 빛이 어두워지는 시기이다. 고전 점성술에서는 이 시기에 강도나 절도 등 재산상의 손실을 입기 쉽다고 분석하기도 한다. 즉, 어둠이 활보하기 쉬운 때로, 에너지가 불안정하기 때문에 사건 사고가 많고 변덕스러움이 생기는 시기이다.

• 태양과 수성의 연결(☉ ☌ ☿)

　수성은 태양과 28도 내외에서 붙어다니기 때문에 삼각, 사각, 대립각을 맺을 수 없다. 기껏해야 회합 정도이다. 태양과 수성이 회합을 할 경우, 전령에 해당하는 수성이 바빠진다. 그래서 처리할 일도 많아지고 처리할 정보의 양도 많아지는 시기이다.

· **태양과 금성의 연결(☉ ♂ ♀)**

금성도 수성처럼 태양과 48도 이내에서 붙어다니기 때문에 삼각, 사각, 대립각은 맺을 수 없다. 태양과 금성이 회합을 하거나 세미섹스타일(십이각 30도) 정도이다. 태양과 금성이 회합을 하면 카지미(17분 이내) 또는 컴버스트(8도 30분 이내) 상태가 된다. 카지미와 컴버스트는 앞에서 이미 설명했다. 태양과 금성이 회합을 하면 밝고 환한 태양과 세련된 금성이 만나서 즐겁고 유쾌한 시간을 보낼 수 있다. 몸과 마음이 건강하고 대체로 일이 잘 풀린다.

· **태양과 화성의 길각 연결(☉ △ ♂, ☉ ✶ ♂)**

태양과 화성이 길각을 맺을 때를 살펴보면, 태양은 왕에 해당되고, 화성은 군인에 해당된다. 왕과 군인이 만나 서로 의논하는 자리가 될 것이므로, 태양과 화성의 길각은 용기와 기개를 만들어낸다. 즉, 불기운이 충전되어 리더십을 발휘하는 위풍당당한 시간이 될 것이다.

· **태양과 화성의 흉각 연결(☉ ♂ ♂, ☉ □ ♂, ☉ ♂ ♂)**

불기운과 불기운이 대립하거나 만나는 형국으로, 대립각 혹은 사각을 이루면 힘 있는 자들끼리의 기싸움이 예상된다. 서로 누르려 하면서 충돌이 발생할 수 있고, 불기운이 과해져 상해나 흉터를 입기 쉽다. 용맹은 객기가 되고, 리더십은 독재가 되기 쉽다.

- **태양과 목성의 길각 연결(☉ △ ♃, ☉ ✶ ♃, ☉ ☌ ♃)**

태양과 목성이 길각을 이루면, 명성의 별인 태양과 신뢰의 별 목성이 만나 신뢰와 명성을 얻을 수 있다. 신뢰와 명성은 윗사람의 총애와 도움을 불러올 수 있다. 태양과 길성인 목성이 회합을 하면 그 빛이 더해져 확장이 되는데, 몸도 건강하고 마음도 평온하며 일도 순탄하게 잘 풀린다.

- **태양과 목성의 흉각 연결(☉ ☍ ♃, ☉ □ ♃)**

태양과 목성이 대립각 혹은 사각을 맺으면, 기운 싸움이 화성처럼 겉으로 드러나지 않지만, 은밀한 방해 내지는 마음속에 적의를 품는 사람이 생길 수 있다. 시기와 질투를 받을 수 있고, 일에 방해가 따른다.

- **태양과 토성의 길각 연결(☉ △ ♄, ☉ ✶ ♄, ☉ ☌ ♄)**

태양과 토성이 길각을 이루면, 윗사람의 도움을 받을 수 있다. 토성은 오랜 경험과 연륜 있는 사람 또는 관리자의 성향이 강하므로, 이러한 사람들의 도움을 받기 쉽다. 연륜 있는 사람의 도움을 받는다는 것은 성실함과 신뢰가 보이기 때문에 가능한 일이다. 또한 땅기운이 강한 사람, 터에 오래 머물러 있는 사람, 관리인 등에게 잘 보일 수 있다.

- **태양과 토성의 흉각 연결(☉ ☍ ♄, ☉ □ ♄, ☉ ☌ ♄)**

태양과 토성이 흉각을 이루면, 하던 일이 중단되거나 묶일 수 있다. 일이 중단되는 상황은 병이 나거나 재물에 손실이 있거나, 주변에 악의를 품는 사람이 있어 발목을 붙잡힐 수 있다. 이러한 일들은 하던 일을 중단시키고 에너지를 묶어두면서 그동안의 과정에서 발생한 오류를 찾으란 뜻이다.

- 달과 수성의 길각 연결(☽ △ ☿, ☽ ✶ ☿, ☽ ☌ ☿)

달과 수성이 길각을 맺으면 머리가 상당히 영민하고 뛰어나다. 또한 머리 회전이 좋아서 작업 능률이 올라간다. 할 일이 많고 분주하며 처리할 일들이 많지만 성취도가 좋아서 잘 처리해낸다. 움직임이 빠른 두 행성이 만났기 때문에 벌어지는 일들도 많고, 생각도 기민하며, 움직임도 많다. 여행을 가거나 친구를 만나 정보를 나누는 등, 할 일도 많고 매우 바쁜 시간을 보낸다. 특히 달과 수성이 회합을 하면 눈치가 상당히 빠르고 머리가 좋다.

- 달과 수성의 흉각 연결(☽ ☍ ☿, ☽ □ ☿)

달과 수성이 대립각 혹은 사각을 맺으면, 정보의 과부하로 인해 더 이상 배우기를 꺼려 하고 교류하길 싫어하며, 정보 처리에 있어서 문제가 발생하기 쉽다. 또한 머리 회전이 잘 안 된다. 생각도 약간 느리고 말도 어눌한 편이다.

- 달과 금성의 길각 연결(☽ △ ♀, ☽ ✶ ♀, ☽ ☌ ♀)

달과 금성이 길각을 이룰 때는 유쾌하고 즐거운 일들이 많으며, 하는 일마다 순조롭게 잘 풀린다. 달과 금성은 여성 행성이다. 귀부인끼리 서로 사이좋게 지내는 형국으로, 몸도 마음도 건강하고 서로의 마음을 나누며 마음이 부드러워진다. 선물을 받기도 쉽고, 즐겁고 기쁜 일이 많으며, 성격도 상냥하고 배려심도 많아진다.

• 달과 금성의 흉각 연결(☽ ☍ ♀, ☽ □ ♀)

달과 금성이 대립각 혹은 사각을 맺는다면, 여성과 여성이 불화하기 쉽고, 질투의 감정에 빠지거나 애정 관련 문제가 발생하기 쉽다. 하는 일마다 방해가 많고 감정의 소모가 많다. 여자의 경우, 남편과 애정 문제가 발생하기 쉽다.

• 달과 화성의 길각 연결(☽ △ ♂, ☽ ✶ ♂)

달과 화성이 길각을 맺으면 용기의 감정이 북돋아진다. 통이 크고 관대하게 행동하며 실행력이 매우 좋아진다. 달은 감정을 좌우하기 때문에 화성으로 하여금 감정적 문제에 용기 있게 나서도록 만든다.

• 달과 화성의 흉각 연결(☽ ☍ ♂, ☽ □ ♂, ☽ ☌ ♂)

달과 화성이 대립각 혹은 사각을 맺으면 심신이 불안정할 수 있다. 또한 감정에 휘둘려 성급하게 판단할 수 있다. 달과 화성이 회합을 하면 갑작스런 사건 사고 또는 재난에 휘말리거나 적의를 품는 사람들로 인해 재산상의 손실을 입을 수 있다. 감정적 사건에 휘말려 현실적 불운을 겪을 수 있다. 용기는 객기가 되고, 감정의 도를 넘을 수 있다.

• 달과 목성의 길각(☽ △ ♃ , ☽ ✶ ♃ , ☽ ☌ ♃)

달이 목성과 길각을 이룰 때는 길성인 목성의 도움을 받아 몸은 건강해지고 지위가 높은 사람들을 만나 교류하며 그들과 친분을 쌓는 가운데 이득을 얻을 수 있다. 즉, 지위가 높은 사람의 덕을 입기 쉽다. 감정적 교류와 친밀도를 쌓으면서 도움을 받을 수 있다.

달과 목성이 회합을 하는 경우, 감정적 안정을 가져온다. 변화가 많고 움직임이 많은 달과 부유하고 안정된 목성이 만나면서 새로운 일거리가 생기고, 많은 이득을 얻을 수 있다. 일이 성사되거나 새로운 직업을 얻는 데도 유리하다.

• 달과 목성의 흉각 연결(☽ ☍ ♃ , ☽ □ ♃)

달과 목성이 대립각 또는 사각을 이룰 때, 목성은 원조(援助)의 행성이므로 일을 추진하다가 원조가 끊기거나 곤란한 상황에 부딪힐 수 있다. 잘나가던 일에 재정적 어려움이 생기거나 주변 사람들이 까다롭게 굴 수 있다. 그러나 이러한 과정을 거쳐서 결국에는 원하던 바를 이뤄낼 수 있을 것이다.

• 달과 토성의 길각 연결(☽ △ ♄ , ☽ ✶ ♄)

달과 토성이 길각을 맺으면, 연륜 있는 사람 혹은 오랜 친분이 있는 사람의 덕을 볼 수 있다. 변동 많은 달의 움직임을 토성이 적절히 잡아주는 격으로, 신뢰와 믿음 있는 사람의 도움이나 지원을 받기 쉽다.

- **달과 토성의 흉각 연결(☽ ☍ ♄, ☽ □ ♄, ☽ ☌ ♄)**

　달과 토성이 대립각 혹은 사각을 이루면, 달이 토성의 기운에 묶이면서 달 특유의 감성이 사라진다. 둔하고 느리며 우울한 증상을 느낄 수 있다. 특히 달과 토성이 회합을 하는 경우, 달의 움직임이 제어되기 때문에 외부에서 치고 들어와 움직임을 일으키는 상황이 발생할 수 있다. 예를 들어, 물건을 잃어버리거나 혹은 도둑을 맞는 등 재산상의 손실을 볼 수 있다.

Chapter 3

운을 통한 분석

01 재물 운

천궁도를 분석하는 방법을 간략하게 살펴보자. 이 책에서는 크게 재물 운, 연애 운, 배우자 운 정도만 다루고, 자세한 천궁도 분석은 나중에 기회가 되면 자세히 다루겠다. 고대 점성가들의 분석을 기본 바탕으로 나의 상담 분석 방법을 더하여 알기 쉽게 풀어놓았음을 밝혀둔다.

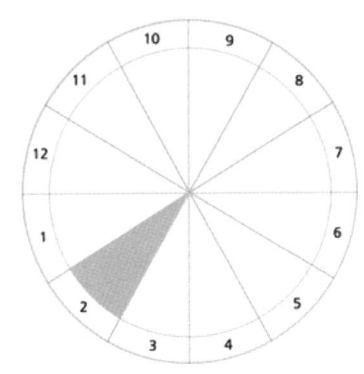

출생 차트에서 재물 운을 살펴볼 때는 2하우스를 먼저 살펴본다. 2하우스는 차트 주인이 물질을 어떻게 운용하는지, 물질에 대해 어떤 가치를 두는지를 알 수 있다.

따라서 2하우스의 로드(지배행성)가 어떤 행성인지, 길성의 빛을 받고 있는지, 흉성의 빛을 받고 있는지, 2하우스에 어떤 행성이 들어가 있는지 그리고 그 행성에게 어떤 행성이 빛을 비추고 있는지 살펴보면서 재물 운을 판단할 수 있다.

재물 운을 판단할 때, 2하우스에 꼭 행성이 들어가 있어야 재물 운이 좋은 것은 아니다. 2하우스에 특별한 행성이 없을 경우, 차트 주인은 물질과 관련된 깨달음이 크게 영향을 미치지는 않으며, 물질에 크게 주안점을 두지 않는다. 그러나 2하우스에 행성이 위치하는 경우, 물질과 관련된 배움이 있기 때문에 2하우스에 행성이 위치하는 것이다.

재물 운을 살필 때에는 아래의 경우를 고려한다.

첫째, 2하우스(재물방)에 들어 있는 행성을 먼저 살펴라! 2하우스에 행성이 있다면 어떤 행성과 연결되어 있는지, 길각으로 연결되어 있는지, 흉각으로 연결되었는지를 살핀다.

둘째, 2하우스 로드를 찾고, 2하우스 로드가 어느 하우스에 있고, 또 어느 행성의 빛을 받고 있는지 살핀다. 길성의 빛을 받으면 어느 정도 먹고사는 것은 크게 문제가 되지 않을 것이나, 흉성의 빛을 받으면 돈을 벌기까지 많은 노력이 따른다.
2하우스 로드를 찾는 법은 2하우스 시작점이 어느 궁에 위치하는지를 살핀 후, 그 궁을 지배하는 행성을 찾으면 된다. 만약 2하우스 시작점이 황소자리(♉)에 걸쳐 있다면 2하우스 로드는 금성(♀)이 된다. 그리고 금성이 어느 하우스에 위치하는지를 찾는다. 금성이 11번 방에 위치하면 아이디어를 분배하면서 재물을 얻을 수 있고, 6번 방에 위치하면 치유를 하면서 재물을 얻을 수 있다. 각각의 행성이 어느 하우스에 위치하느냐에 따라 돈을 버는 방식이 달라진다.

셋째, 포르투나((Fortuna, ⊗)²⁸가 어느 하우스에 들어 있는지를 살핀다. 포르투나는 기회와 행운을 상징하기 때문에 특별하게 운이 따른다. 포르투나가 어느 하우스에 있는지에 따라서 기회와 행운이 달라진다.

재물 운이 좋은 경우

1. 2하우스(재물방)에 길성인 목성(♃)이나 금성(♀), 용두(☊)²⁹, 포르투나(⊗)가 위치할 때.

    목성은 재물을 확장하는 힘이 강하고, 금성은 자신이 원하는 것을 어떻게든 얻을 수 있으며, 포르투나는 재정적인 기회와 행운이 따른다.(용두는 목성과 비슷한 힘을 갖는다.)

    2하우스에 태양 또는 화성처럼 불의 행성이 들어가 있으면, 돈을 통 크게 잘 쓴다. 금성이 들어가 있는 경우, 돈을 세련되게 쓰는 스타일로 금융인들에게 많이 들어가 있는 포지션이다. 토성이 재물방에 들어가 있는 경우는 몸을 움직여 노동을 하거나 성실하게 끊임없이 노력하여 재물을 벌어야 한다. 돈을 지키려는 힘도 강하고 돈에 인색하다. 돈을 묶어두는 힘이 강하기 때문에 안 쓰고 모으기만 할 수 있다.

2. 2하우스(재물방)에 행성이 들어가 있고, 길성인 목성(♃)이나 금성(♀) 그리고 포르투나(⊗)로부터 길각의 빛을 받을 때.

    길성이 원조를 하는 격이다. 2하우스 안에 들어 있는 행성과 목성이 길각으로 연결되면, 재물을 확장하는 데 있어서 큰 힘을 받는다. 주변에서 원조가 들어오기 쉽고, 재물은 더 큰 사업을 위해 투자된다.

---

28 행운의 가상점.
29 달의 교점.

만약 2하우스 안에 있는 행성이 금성과 흉각을 이루고 있으면, 돈은 자신을 치장하고 럭셔리(luxury)한 삶을 유지하는 데 사용된다. 즉, 욕망을 충족하기 위해 돈이 빠져나간다.

3. 2하우스(재물방) 로드가 길성 및 포르투나(⊗)와 길각으로 연결되어 있을 때.

2하우스의 로드가 다른 하우스에 위치하고 길성의 빛을 받고 있으면, 부자는 아니지만 자신이 일한 만큼의 대가와 주변의 원조 및 도움을 받을 수 있다. 만약 토성과 길각이라면 성실하게 돈을 모으겠지만 토성과 흉각을 이루면 일은 일대로 하고 노력한 만큼의 대가는 못 받는다. 2하우스 로드와 포르투나가 길각으로 연결되면 기회와 행운이 많이 따른다.

4. 2하우스(재물방) 안에 달(☽)이 들어올 때.

돈과 연관되어 일을 하기 쉽다. 자신의 움직임은 돈의 움직임을 따라간다. 달이 2하우스에 들어오는 경우는 돈의 융통이 빠르게 잘 이루어진다. 달은 움직임이 빠른 행성이기 때문에 갑작스럽게 돈이 들어오고 나가면서 돈을 관리할 수 있다.

5. 1하우스 로드와 2하우스 로드가 회합을 하거나 길각을 이루고 있을 때.

자신이 가는 곳에 돈이 따라가는 형국이다. 즉, 자신이 하고자 하는 일을 하면, 먹고사는 것은 크게 문제될 것이 없다. 하고 싶은 일을 따라가면 돈은 자연스럽게 따라 들어온다.

6. 2하우스 로드가 1하우스 안에 들어가 있을 때.

타고난 먹을 복이 있다는 뜻이다. 재정적으로 크게 어려움 없이 성장할 수 있다. 자기 자신이 재물을 품고 있는 형국이다.

7. 상승점과 포르투나(⊗)가 길각을 이루고 있을 때.
   기본적으로 기회와 행운이 따르기 때문에 돈도 자연스럽게 따라오는 형국이다.

8. 2하우스 시작점이 길성인 목성(♃) 및 금성(♀)과 길각으로 연결될 때.
   재정적으로 지원을 받기 쉽다.

9. 금성형 항성(스피카, 아르크투루스)이 2하우스 안에 위치할 때.
   풍요롭고 부자 항성(恒星)으로 유명한 스피카(Spica)와 아르크투루스(Arcturus) 등이 2하우스에 위치하면, 가문(조상)의 잠재적인 힘을 받아 부를 이룰 수 있다.

- **기타 재물 운에 관련된 사항들**

1. 재물방에 토성(♄)이 들어가 있는 경우.
   차트의 주인은 재물에 대한 응집력이 강하고 돈에 대한 집착이 강하며 인색할 수 있다. 스스로 노력해서 돈을 벌어야 하나 일정 기간 빈곤함을 겪을 수 있다. 빈곤을 경험하면서 돈에 한이 질 수 있기 때문에 악착같이 돈을 모으려는 성향이 생긴다. 토성은 돈의 흐름을 묶어둔다.

2. 재물방에 태양(☉)이나 화성(♂)이 위치하는 경우.
   돈을 잘 쓰는 편으로 화성은 빠르게 벌고 빠르게 쓰는 편이다. 화성은 흉성으로 간주되나 2하우스에 위치하는 경우, 돈을 벌려고 애를 쓰기 때문에 어느 정도 재물이 들어올 수 있다.

3. 재물방에 달(☽)이 위치하는 경우.
   달의 변동성 때문에 재물이 빠르게 밀려들어왔다가 빠르게 쓸려나가기도 하나, 대체적으로 재정이 빠르게 융통되는 흐름을 가져온다.

4. 재물방에 명왕성(♀)이 들어오는 경우.
   재물을 끌어당기는 자력이 세지며 크게 성공하거나 크게 망할 수 있다.

5. 재물방에 천왕성(♅)이 들어오는 경우.
   재물이 들어오고 나갈 때 기상천외한 방법으로 들어오고 나가며, 생각지도 못한 희한한 방법으로 돈을 벌거나 희한한 방법으로 돈을 잃을 수 있다.

6. 재물방에 해왕성(♆)이 들어오는 경우.
   돈에 대한 관념이 애매해져서 어처구니없게 돈을 잃거나 벌 수 있다. 돈이 들어오고 나감을 분석하지 않고 어떻게 운영되는지 인지하지 못해 크게 손실을 얻을 수 있으며, 네 돈 내 돈 구분의 경계가 약하다.

7. 재물방 로드가 6하우스나 10하우스 로드와 연결되는 경우.
   사회생활이나 직장생활을 하면서 꾸준히 돈이 들어올 것이다.

8. 재물방에 들어 있는 행성이 5하우스의 포르투나(⊗)와 연결되는 경우.
   놀이, 스포츠 등에서 기회와 행운이 따르기 때문에 도박이나 승부를 통해 돈을 벌 수 있다.

9. 2하우스와 5하우스 그리고 8하우스 행성이 길각으로 연결되는 경우.
도박, 로또 등 놀이와 관련된 돈을 벌 수 있다.

10. 프로펙션 상에서 토성(♄)이 재물방에 들어오는 경우.
매우 빈곤한 시기를 겪을 것이다. 토성의 주기는 약 29년이며 한 하우스에 2년 넘게 머물다 가기 때문에 만약 젊어서 토성이 재물방에 들어온 가운데 길각을 맺지도 않고 흉각만 이루고 있다면, 약 2년간은 빈곤하다고 봐야 한다.

02 연애 운

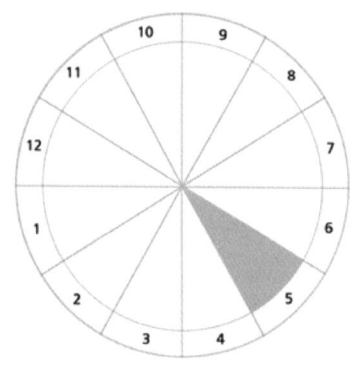

연애 운은 5하우스를 살핀다. 5하우스는 차트 주인이 애정의 마음을 표현하는 방이다. 사람들은 누구나 애정의 마음을 주고 싶어 한다. 이러한 마음은 주로 애인이나 아이에게 쏟기 마련이다. 그래서 5하우스는 '애정의 방'이자 '자식의 방'이 된다.

연애 운을 판단할 때는 첫째, 5하우스의 시작점이 어떤 궁이냐를 판단한다. 궁에 따라서 애정을 표현하는 방법이 달라지기 때문이다. 만약 5하우스의 시작점에 황소자리가 위치한다면 연애 스타일은 진지하고 신중하며 신뢰를 중시하는 스타일이다.

둘째, 5하우스에 어떤 행성이 위치하느냐에 따라서 자신이 보호해야 하는 대상에 대한 반응이 나타난다. 또한 사랑이나 성에 대한 스타일을 알 수 있는 방이기도 하다.

금성(♀)이 5하우스에 있으면 놀면서 에너지를 잘 돌리는 유형이다. 잘 놀고 잘 즐기는 스타일이다.

달(☽)이 5하우스에 있으면 연애 대상을 자주 바꾸는 편이다. 즉, 달의 변덕처럼 애정을 주어야 하는 대상이 쉽게 바뀔 수 있으며, 연애 대상을 통해 심신의 안정을 얻으려 하기 때문에 어리광을 피우기 쉽고 양다리를 걸치기도 쉽다. 양다리를 걸치는 이유는 고독에 대한 두려움 때문이다.

5하우스에 목성(♃)이 있는 경우, 남녀 모두에게 인기가 좋은 편이며 애정의 대상을 다스리려 한다.

5하우스에 천왕성(♅)이 위치하는 경우, 이성 편력이 나타나거나 독특하고 엉뚱한 방식의 연애를 하기도 한다.

5하우스에 해왕성(♆)이 위치하는 경우는 약물이나 알코올에 의존할 수 있다.

5하우스에 명왕성(♇)이 위치하는 경우는 애정 대상에게 강하게 몰입되어 헌신할 수 있다.

프로펙션 상 5하우스 행성과 7하우스 행성이 길각으로 연결되는 경우, 결혼을 전제로 연애를 할 수 있다고 판단한다.

연애에 있어서 남자의 경우, 금성과 달을 살피고, 여성의 경우 태양과 화성을 살핀다. 금성과 달이 길각으로 이어지는 여성의 경우, 배려심이 좋고 여성스러우며 부드럽기 때문에 남성을 잘 포용하고 받아들인다.

금성이나 달이 토성과 연결되는 경우, 성 에너지를 묶어두기 때문에 결혼이 늦어질 수 있다. 특히 금성과 토성이 길각으로 연결되었다면, 혼자 사는 것을 더 좋아한다.

03 결혼 운과 배우자 운

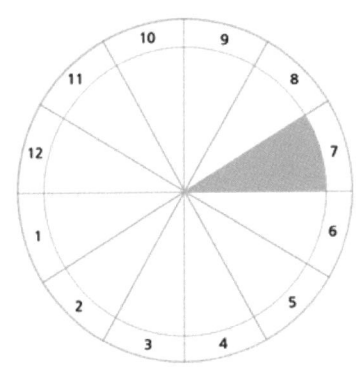

결혼이나 배우자를 살필 때는 7하우스를 살핀다.

5하우스와 7하우스의 차이점을 살펴보면, 5하우스가 넘쳐나는 마음을 주어야 하는 애정의 대상이라면, 7하우스는 서로 거울처럼 비춰보는 대상과 계약이 체결되는 곳이다. 즉, 5하우스의 관계보다는 7하우스의 관계가 더 무거운 관계이다. 물질적, 정신적 채무가 따르는 방이기도 하다. 결혼 인연이란 자신의 부족한 부분을 깨닫게 해주고, 자신을 변화시켜줄 인연이다.

배우자 운을 살펴볼 때는, 먼저 7하우스에 어떤 행성이 들어 있는가를 살핀 뒤, 7하우스의 시작점이 무슨 궁에 위치하는지를 본다. 7하우스가 시작되는 궁은 배우자의 외모를 살필 수 있으며, 7하우스에 들어온 행성은 결혼생활과 배우자의 성격을 엿볼 수 있다.

7하우스를 배우자의 1하우스로 간주하고 시계 반대 방향으로 하우스를 판단해 나간다. 7하우스(배우자 1하우스)는 배우자의 성격을, 8하우스(배우자 2하우스)는 배우자의 재산을, 9하우스(배우자 3하우스)는 배우자의 형제자매를, 10하우스(배우자 4하우스)는 배우자의 아버지를, 11하우스(배우자 5하우스)는 배우자의 자식을, 12하우스(배우자 6하우스)는 배우자의 질병 및 직장을 나타낸다.

만약 배우자의 직업을 알고 싶다면 4하우스(배우자 10하우스) 안에 어떤 행성이 위치하는지를 살피고, 8하우스(배우자 2하우스)에 어떤 행성이 위치하는지 살펴본다. 즉, 어떤 식으로 성공하고 어떤 식으로 돈을 버는지를 유추할 수 있다.

예를 들어, 4하우스에 태양이나 목성이 들어가 있으면 배우자는 공직에서 일할 가능성이 높고, 8하우스에 금성이 들어가 있으면 금융 관련 일을 하기 쉽다. 4하우스에 달이나 수성과 같이 빠른 행성이 들어가 있으면 남편의 직업은 자주 바뀔 것이다.

- **배우자 운 관련 사항**
    - 7하우스에 목성이 있으면 배우자는 기운이 크고 인간적 카리스마가 있는 사람이다.
    - 7하우스에 태양이 있으면 배우자와 동업자 관계가 되든가 협조자 관계가 된다.
    - 7하우스에 화성이 있으면 성급하게 결혼할 수 있고, 서로 의견이 다르다.
    - 7하우스에 금성이 있으면 배우자의 외모가 좋다.
    - 7하우스에 달이 있으면 두 번 결혼하기 쉽다.

- 7하우스에 수성이 있으면 연하와 결혼하기 쉽다.
- 7하우스에 토성이 있으면 늦게 결혼하거나 혼자 살 팔자이다.
- 7하우스에 천왕성이 있으면 결혼생활이 예측 불허하다.
- 7하우스에 해왕성이 있으면 결혼생활이 애매모호하고 남자가 우유부단하다.
- 7하우스에 명왕성이 있으면 배우자 카르마에 끌려들어가 헌신하기 쉽다.

배우자와의 궁합은 1하우스 로드와 7하우스 로드가 각각 어느 하우스에 위치하는지를 살피고, 두 행성이 서로 연결되어 있는지 길각인지 흉각인지를 살핀다.

04 재능과 진로

　차트에서 재능과 진로를 찾을 때는 먼저 수성과 달이 어느 궁과 하우스에 위치하는지를 살핀다. 이후 수성과 달이 어느 행성과 어떻게 연결되었는지를 살펴본다. 수성은 머리를 쓰는 방법을 알 수 있고, 달은 감정을 쓰는 방법을 알 수 있다. 재능과 진로를 살필 때는 달보다 수성을 좀 더 중요하게 판단한다. 고전 점성술에서는 1하우스·4하우스·7하우스·10하우스에 위치한 수성을 통해서 진로를 살펴보는데, 나의 경우는 통합적인 방법을 쓰고 있다.

　재능이란 자신이 타고난 재주와 장점을 이 사회에 어떻게 뿌리고 가느냐를 살펴볼 수 있는 지표이기도 하다. 사람들은 저마다 타고난 소질과 재능이 각각 다르다. 어떤 사람은 운동신경이 뛰어나고, 어떤 사람은 계산을 잘하며, 어떤 사람은 말재주가 뛰어나다. 이처럼 각각의 재능과 재주를 이 사회에 기여할 때, 우리의 물질적인 생활이 영위된다. 아무리 재능과 재주가 뛰어나도 이러한 재능을 이 사회에 쓰지 못하면 물질적인 생활이 힘들어지고 가족이나 주변 가까운 사람들에게 경제적으로 의탁해야만 하는 상황에 처한다. 물론 어느 정도 재능과 능력을 갖추기 전까지는 주변의 도움에 의존할 수밖에 없으나 자신의 실력이 찾을 때는 사회로 나와 자신의 재능과 재주를 펼쳐야 한다. 이 때 우리는 자신의 타고난 실력을 발휘하게 된다.

재능과 진로를 찾는 데 있어서 수성(☿)과 달(☽)이 중요한 이유는 수성은 좌뇌를 다스리고, 달은 우뇌를 다스리기 때문이다. 일반적으로 수성이 발달한 사람의 경우, 머리가 좋아서 무슨 일을 해도 쉽게 터득하고 이해력이 빠르다. 반면에 수성의 위계가 약하고 안 좋은 포지션에 위치하면, 머리 회전이 느리고 이해력도 떨어지는 경우가 많았다. 그래서 수성이 어떤 하우스에서 어떤 행성과 연결되어 있는지를 살펴보는 것이 무엇보다 중요하다.

재능을 분석할 때, 그 사람의 알무텐(Almuten)[30]을 살펴볼 필요가 있다. 아무리 머리가 총명하더라도 금성이 너무 발달되어 있으면 자신의 재주만 믿고 열심히 하지 않으며 게으른 편이다. 외모에 관심이 많고 세상의 즐거운 것들에 관심을 두면서 공부를 소홀히 하기도 한다. 그래서 재능과 진로를 살펴볼 때는 전체적인 성향을 분석하여 판단해야 할 것이다. 또한 수성과 달은 변화가 심하고 움직임이 빠른 행성이기 때문에 머리를 어떻게 쓰고 어떻게 행동하느냐를 살펴볼 수 있는 지표이기도 하다.

수성이 1하우스에 위치하면, 머리 회전이 빠르고 사람들 눈치를 잘

---

30 천궁도에서 자신에게 가장 크게 영향을 미치는 행성. 위계 및 포지션을 따져서 1순위가 되는 별.

보며, 상대의 생각을 잘 알아챈다. 이런 경우, 비서나 영업 등 움직임이 빠른 일 등에 잘 어울린다.

수성이 2하우스에 위치하면, 금전에 밝고 돈과 관련된 계산이나 이득을 재빠르게 판단한다.

수성이 3하우스에 위치하면, 단거리 이동이 많고, 말을 많이 하거나 문서와 관련해서 처리할 일들이 많다.

수성이 4하우스에 위치하면, 부모님이 잔소리가 많고 지적인 가정환경 속에서 자랐을 가능성이 높다.

수성이 5하우스에 위치하면, 자식 교육에 신경을 쓰며 자식에게 잔소리를 많이 한다.

수성이 6하우스에 위치하면, 업무 처리 능력이 뛰어나 일 처리를 깔끔하게 잘하고 사무 관련 일들을 잘 처리해낸다.

수성이 7하우스에 위치하면, 잦은 연애를 하기 쉽고 상대의 모든 정보를 낱낱이 캐고 싶어 한다.

수성이 8하우스에 위치하면, 스스로 파고들어 생각하고 추리하는 힘이 강하다.

수성이 9하우스에 위치하면, 정신적 방황을 하거나 장거리 여행을 하기 쉽다. 종교성이 쉽게 바뀌기도 한다.

수성이 10하우스에 위치하면, 잦은 직업적 이동을 할 수 있으며, 직종이 자주 바뀌기 쉽다.

수성이 11하우스에 위치하면, 인터넷을 이용한 아이디어 배포나 그룹 간에 정보를 교환하는 일이 잘 어울린다.

수성이 12하우스에 위치하면, 속마음을 잘 드러내지 않으며 생각을 감추는 편이다.

 수성이 금성과 길각으로 연결되어 있으면, 목소리가 좋고 말을 귀엽게 잘하며 언변력이 좋다.
 수성이 목성과 길각으로 연결되어 있으면, 설득력이 좋고 바른 분별력으로 판단한다. 정직하고 믿음직스럽다.
 수성이 달과 길각으로 연결되어 있으면, 머리가 상당히 영리하고 뛰어나다. 좌뇌와 우뇌가 동시에 발달되어 있고 눈치가 빠르기 때문에 상대가 무슨 말을 하려는지 말하기도 전에 미리 알아채기도 한다.
 수성이 토성과 길각으로 연결되어 있으면, 생각을 물질화시키려는 힘이 강하고 의지와 끈기가 있다. 꾸준히 성실하게 공부하는 타입으로 느리지만 오래 기억하는 편이다.
 수성이 황소자리 혹은 염소자리에 위치하면, 머리 회전이 느리고 머리가 안 좋은 편이다. 특히 황소자리에 위치할 경우, 좌뇌 회전이 느리다. 여기에 달과도 흉각으로 연결되어 있다면 언변력도 떨어지고 머리 회전이 둔하다.

 수성 외에 재능을 볼 때 2하우스도 살펴볼 필요가 있다. 왜냐하면 돈이 어떤 방식으로 어떻게 들어오는지를 살펴볼 수 있기 때문이다. 즉, 자신의 재능을 어디에, 어떻게 써서, 돈을 들어오게 하는지를 유추할 수 있기 때문이다.
 2하우스에 금성($♀$)이 위치하는 경우, 돈을 세련되게 다루기 때문에 주로 금융업에 종사할 가능성이 높다. 돈을 내어주는 안방마님의 역할처럼 돈을 내어주는 통로가 된다.

2하우스에 토성(♄)이 위치하는 경우는 금전을 얻는 데 있어서 타인을 통해 이득을 얻기보다는 스스로 노력해서 돈을 벌어야 하는 사람이다. 돈에 대한 자력과 집착이 세지만 스스로 노력하지 않으면 빈곤하기 쉽다.

2하우스에 태양(☉)이 위치하는 경우는 타고난 돈이 있는 경우가 꽤 있다. 여기에 수성까지 2하우스에 들어가 있다면 돈을 굴리고 돈을 쓰는 일을 하기 쉽다. 태양과 화성이 2하우스에 들어가 있으면 돈을 모으기보다는 돈을 쓰는 유형이다.

2하우스에 목성(♃)이 들어가 있는 경우, 돈을 확장하거나 사업을 하는 데 유리하다. 어떤 일이든 금전적으로 확대재생산(擴大再生産)해내는 힘이 강하다.

2하우스에 달(☽)이 위치하는 경우는 돈이 들어오고 나감이 밀물과 썰물 같다. 감정 상태에 따라서 돈이 빠져나가기도 하며 들어오기도 한다. 그러나 돈의 융통성은 좋은 편이다.

진로를 살필 때, 직업의 방인 6하우스를 살펴보는 것도 중요하다.

6하우스에 태양(☉)이 위치하면, 본인이 직접 회사를 운영하기보다는 직장에 다니면서 월급을 받거나, 조직 안에서 조직의 일원으로 일하는 스타일이 잘 맞는다. 일중독인 경우도 많다.[31]

6하우스에 금성(♀)이 위치하면, 치유 또는 아름다움과 관련된 일을 하면서 돈을 벌기에 좋다. 여성과 관련된 일에서 재능을 발휘할 수

---

31 일 중독자, 워커홀릭(workaholic). 일에 몰입되어 사는 사람.

있다.

　6하우스에 토성(♄)이 위치하면, 노동의 고(苦)가 있고, 일이 많으며 노예근성이 있다.

　6하우스에 천왕성(♅)이 위치하면, 컴퓨터나 기계 등 신기술을 바탕으로 한 공학이나 발명 등에 잘 어울린다. 기계를 직관적으로 다루고 생각이 창의적이며, 일을 할 때도 독창적이고 창조적인 방식으로 한다.

　6하우스에 달(☽)이 위치하면, 직업적 이동이 많다. 여기저기 파견을 가거나 직장 이동이 빈번하다.

　6하우스에 명왕성(♀)이 위치하면, 직장에서 하극상(下剋上)[32]과 관련된 일들이 발생하기 쉽다. 직장 일에 강하게 몰입되어 독단적으로 일을 처리하려 할 수 있고, 또는 하극상을 하거나, 하극상을 당할 수 있다.

32　아랫사람이 윗사람을 이기려 하는 행위.

05 재능과 진로에 대한 조언

재능이 재능으로 안 보일 때

사람들은 저마다 타고난 재능을 하나씩 가지고 있다. 이 재능을 잘 활용을 하는 사람과 활용하지 못하는 사람으로 나뉠 뿐이다. 어떤 이에게 재능은 득보다 실이 되기도 하는가 하면, 어떤 이는 자신의 재능을 잘살려 이득을 보기도 한다.

또한 재능이란, 시대적인 변화와 함께 맞물려야 빛을 발휘하기 때문에 좋은 재능을 가졌다면 때를 맞추어 잘 태어나야 한다. 때를 잘 타고 나서 빛을 발할 수 있는 재능도 있고 시대를 잘못 타고나서 큰 힘을 발휘하지 못하는 재능도 있다. 그 예가 바로 '무사'와 '연예인'이다.

과거에 '무사'는 큰 힘을 발휘했지만, 현재 돈이 질서가 된 세상에서 무사는 더 이상 힘을 발휘하지 못한다. 오히려 무사 밑에서 돈 관리를 하던 이들이 지금 세상에는 더 빛을 발휘하고 있는 형국이다. 과거에는 돈 만지는 직업이 천한 직업이었으나, 지금은 인기 있는 직업이 되었듯, 연예인도 예전에는 천한 직업이었지만, 지금은 인기 있고 대우받는 직업이 되었다.

이렇듯 지금 잘나가는 직업이 미래에도 잘나가리란 보장은 없다. 지금의 돈 만지는 일은 또다시 미래에는 흔한 직업이 될 것이며, 미래에는 사람의 의식을 잡을 수 있는 정신적인 일들이 귀한 직업이 될 것이다. 따라서 재능이 빛을 발휘하지 못할 때 자신의 재능이 재능으로 보이지 않는 법이다. 좋은 재능을 가지고도 그 재능을 발견하지 못해 쓰지 못할 수도 있고, 좋은 재능을 가지고도 때를 잘못 타서 오랜 시간 기다려야만 빛을 발하는 재능도 있다.

사람들이 흔히 하는 말 중에 이런 것이 있다.
"배운 거라곤 도둑질밖에 없어서……."
이 말은 자신의 재능을 미천하게 이야기할 때 쓰는 말이다. 도둑질도 배우는 기술에 속한다. 도둑질도 어디에 어떻게 잘 쓰느냐에 따라서 그 가치가 달라진다. 도둑도 도둑 나름이다. 작은 도둑은 사회적으로 지탄을 받지만, 큰 도둑은 도둑인 줄 잘 모른다. 큰 도둑일수록 표가 나지 않는다. 같은 도둑인데 일반 사람들의 돈을 훔치는 사람과 국제적 스파이는 천지 차이다. 이왕 배운 짓이 도둑질밖에 없다면 작은 좀도둑이 아니라 큰 도둑이 되는 편이 낫다. 그만큼 어느 한 분야에 크게 도통하면 인정을 받는 세상이라는 이야기다.

조선 시대 임꺽정 같은 인물은 비록 산적 두목일망정 역사에 그 기록이 남았다. 즉, 자신의 타고난 재능이나 기술을 어디에 어떻게 값지게 쓰느냐에 따라서 이처럼 사람들이 바라보는 시선이 다른 것이다.

자신의 재능이 재능으로 보이지 않을 때가 있다. 쓸데없는 재능처럼 느껴질 때도 있는데 이럴 때는 자신이 가진 재능을 어디에 어떻게 쓸

것인가를 연구해야 한다.

　쓸모없는 재능도 전문가 수준의 경지에 오르면 반드시 쓸 데가 나타나게 마련이다. 미래를 이끄는 지도자들은 남들과 다른 생각과 천재성을 가지고 있으며, 특유의 깡이 내재되어 있다. 일반 시스템에 순응하는 스타일이 아니다. 창조적 속성과 파괴적 속성을 동시에 지니고 있으며, 선과 악을 동시에 겸비한 인물이기도 하다. 이러한 성향을 가지고 태어난 사람은 시스템에 적응을 못 하는 문제아같이 보이겠지만 지도자는 남들과 다른 비상식적인 생각과 배포가 필요한 법이다.

　지도자 성향을 타고난 사람은 대체로 부모의 기운을 뛰어넘는다. 아이가 부모보다 타고난 기운이 크면 부모를 극(克)하기도 하는데 이런 경우 "자식을 팔아라!"란 이야기를 들었을 수도 있다. 만약 "자식을 팔아라!"란 이야기를 들었다면, 그러한 아이는 부모보다 기운이 커서 부모를 극할 수 있기 때문이다. 이런 경우 일찍 부모와 떨어져서 독립하는 편이 서로를 위하는 길이다.

　현재 자신의 재능이 재능으로 느껴지지 않을 때 그 재능이 빛을 발하는 시점까지 자신의 재능을 갈고닦아야 한다. 오랫동안 정련의 시간을 거치겠지만 언젠가는 꼭 필요한 재능이 될 수 있기 때문이다. 지금처럼 너도나도 영어를 잘하는 시대에 영어를 잘하는 것은 더 이상 재능이 아닌 시대가 오게 마련이다. 기계가 영어 번역을 대체하는 시대가 오기 때문에 지금 당장 영어를 못한다고 걱정하지 않아도 된다.

　남들이 다할 줄 아는 것은 재능이 아니라 기술이다. 그것은 자신만의 독보적인 재능이 되지 못한다. 따라서 자신만의 타고난 특유의 재능을 개발하는 편이 오히려 낫다.

지도자는 오랜 정련을 통해 힘들게 배출되는 법이다. 큰 비행기일수록 연료도 많이 먹고, 뜨는 시간도 오래 걸리는 법이다.

진로를 선택할 때

요즘 시대는 두 가지 이상의 재능을 가지고 태어난 사람들이 제법 많다. 머리도 좋고 예술적 감각도 타고나서 도무지 어느 쪽을 선택해야 할지 망설여지는 사람이 있게 마련이다. 한 가지만 잘하면 그 길로 쭉 가면 되지만, 이것도 잘하고 저것도 잘하는 팔방미인들은 이도저도 아닌 길을 갈 수가 있다. 그래서 오히려 한 가지 길로 가는 사람만 못하는 지경에 처할 수도 있다. 재능은 꾸준히 노력하는 사람이 마지막에 빛을 발하게 되어 있다.

진로를 선택할 때 마음이 끌어당기는, 정말 재미있고 하고 싶은 것을 발견하면 그 일을 하면 되겠지만, 특별히 무엇을 해야 할지도 모르겠고 끌리는 것도 없다면, 일단 주변 사람들의 조언을 얻어라! 자신이 존경하는 사람이라면 더 좋다.

공무원이나 국가기관 등에 취직하고 싶은 사람들은 천궁도의 10하우스에 태양 또는 목성이라도 있어야 하며, 하물며 태양과 목성의 길각이라도 받아야 한다.

진로는 어릴 때의 환경이 좌우한다. 의사 집안에서 의사 나오고, 장사꾼 집안에서 장사꾼 나오며, 공무원 집안에 공무원 나온다. 어릴 적부터 누구의 에너지를 먹고 자랐느냐에 따라서 진로가 정해지는 법이다. 의사 집안에 연예인이나 예술을 하겠다고 나오는 사람이 꼭 있다. 부모 입장에서는 어이없는 노릇이나, 큰 틀에서 따져보면 의사나 연예인이나 예술인이나 모두 '치유'라는 코드를 내포하고 있기 때문에 꼭 관련이 없다고 말할 수 없다.

진로를 선택할 때는 재능이 빛을 발할 수 있는 일을 택해야 한다. 재능이 빛을 발한다는 것은 사람을 움직일 수 있는 힘이 생긴다는 것이고, 사람을 움직인다는 것은 재물이 사람과 함께 들어온다는 뜻이다. 따라서 사회에 자신의 재능이 먹히느냐의 지표는 재물로 판단할 수 있다.

재능이 꽃을 피우는 데 있어서 어떤 사람은 타고난 천재성으로 짧은 시간 안에 빠르게 피는 경우가 있는가 하면, 어떤 사람은 오랜 시간 꾸준히 노력한 가운데 겨우 꽃이 피는 경우도 있다. 이는 사람마다 다 다르게 펼쳐진다.

자신의 재능을 이 사회에 펼치고 있는데 아직 재물이 따르지 않는다면 좀 더 에너지를 채워나가야 하든가, 아니면 다른 진로를 찾아야만 한다. 두 가지 재능 중 한 가지 재능에는 재물이 따르고, 한 가지 재능에는 재물이 따르지 않는다면 현재 자신의 재능 중 재물이 따르는 것이 이 사회에 먹히고 있다는 지표이다. 따라서 나머지 한 가지 재능은 취미로 돌리면 된다. 그리고 평생 즐겁게 할 수 있는 취미가 있다면 꾸준히 멈추지 말고 해야 언젠가는 그 빛을 발할 수 있다. 재능이 빛을 발할 때는 재물과 명예가 동시에 들어온다는 것을 명심하라!

자식을 외국으로 보내려는 부모에게

아이들은 부모가 부모다운 모습을 보여주면 안정된 환경 속에서 자신이 해야 할 것들을 잘하게 된다. 반면에 머리가 아무리 좋아도 가정환경이 불안하고 부모와 트러블이 많은 아이들은 정신적 스트레스를 받아 공부에 많은 지장을 받기도 한다. 부모가 아이들에게 줄 수 있는 가장 좋은 공부 환경은 부부간의 화합이다. 화목한 가정 속에서 아이들은 밝고 건강하게 자라는 법이다.

부모님 중에 "우리 아이를 유학 보내도 될까요?"라고 묻는 분들이 있는데, 점성학적으로 9하우스에 태양을 비롯한 몇몇 행성이 위치하는 경우에는 외국에 보내는 것이 좋다. 외국에 있을 때 더 빛을 발하기 때문이다. 그리고 부모가 외국으로 보내지 않더라도 외국 운이 있는 아이는 스스로 알아서 외국으로 나간다.

외국에 나가는 아이들은 전령 역할의 임무가 있다. 좀 더 지적인 일을 하는 아이들은 외국에서 들여온 문물을 통합하여 새로운 사상과 새로운 이념을 세우게 될 것이다. 따라서 외국에 나가서 공부하고 들어오는 아이들은 지적인 일을 위한 전령 역할을 맡은 아이들로, 외국에 나가서 문물을 들고 들어올 것이다. 이 전령들은 외국에 나가서 공부를 하고 오는 것이 아니라 정보와 문물을 들고 들어오는 것이다.

미래는 외국에서 한국으로 유학을 오는 시대가 될 것이다. 지금부터 그러한 조짐이 조금씩 보이기 시작하고 있다. 앞으로 지적인 허브(hub)는 대한민국에 세워질 것이며, 대한민국은 지식과 지혜의 보고이자 영적인 도서관이 될 것이다. 또한 외국에서 너도나도 대한민국의 정신사상을 배우러 대한민국으로 들어오는 세상이 펼쳐질 것이다. 따라서 아이들의 미래 세상은 지금의 세상과는 달리 지식보다 지혜가 더 가치 있는 세상이 될 것이다.

Chapter 4

행성 이야기

01 태양

점성술은 '태양 점성술'과 '천궁도 점성술'로 나뉜다. 일반적으로 신문이나 잡지 등에서 쉽게 접하는 것은 태양(太陽) 점성술이다. 개인이 태어난 생월(生月)로 태양의 위치를 찾기 때문에 쉽게 태양의 별자리를 알 수 있어서 일반적으로 널리 활용된다. 반면에 천궁도(天宮圖) 점성술은 점성 프로그램을 통해 천궁도에 배치된 행성들을 종합적으로 살펴보면서 분석한다.

우리 지구에서 태양과 달은 매우 중요하다. 점성학에서 태양은 왕을 상징하고, 달은 왕비를 상징한다. 태양은 스스로 발광하는 루미너리(luminary)로, 태양의 빛은 태양계에 빛을 전하고 지구에 도착한 태양 광선[33]은 지구상의 생명체를 생존하게 만들며, 지구의 날씨와 기후를 만드는 원인이 된다. 따라서 태양은 지구에 없어서는 안 되는 중요한 에너지원(energy源)으로, 동서양 문화권에서는 태양을 신으로 숭배했다. 태양은 인간에게 경외의 대상이자 삶의 원천이었기에 숭배의 대상이 되었다. 태양신은 그리스에서는 헬리오스(Helios), 로마에서는 솔

---

33 태양으로부터 나오는 전자기파.

(Sol)이라 불렀다.

낮의 하늘은 태양이 지키고, 밤의 하늘은 달이 지킨다. 그래서 태양은 아버지요, 달은 어머니며, 태양은 양(陽)이요, 달은 음(陰)이다. 태양은 왕을 상징하고, 또한 아버지, 생명력, 왕권, 권력, 용기, 의지력, 자아 등을 상징한다. 왕은 한 나라의 중심이요, 아버지는 한 가정의 중심이 된다. 태양도 태양계의 중심이듯, 태양은 중심 에너지를 상징한다. 중심은 언제나 밝게 빛나야 하고 생명력이 있어야 주변의 모든 것들을 밝힐 수 있기 때문에 자아가 매우 강하다. 또한 드높이 떠올라 우러름과 존경을 받는다. 그래서 태양은 명예와 관련이 있다.

점성학에서 태양은 사자자리의 로드(주인 행성)이다. 자기 종족 무리를 지키는 사자처럼, 강한 권력을 가지고 무리를 지키려 한다. 따라서 태양은 언제나 높이 떠서 밝게 빛나려 하기 때문에 자신의 초라한 모습이나 약한 모습은 보이기 싫어한다. 그래서 태양은 자존심이 세다.

춘하추동 — 하지와 동지

낮이 가장 길어지고 밤이 가장 짧아지는 시기를 '하지'라 하고, 밤이 가장 길어지고 낮이 가장 짧아지는 시간을 '동지'라 한다. 하지는 6월 21~22일경, 동지는 12월 21~22일경이다. 또한 낮과 밤의 길이가 같아지는 때는 춘분점과 추분점 때이다.

천궁도는 춘분점이 기본 시작점이다. 춘분의 시작점은 양자리(♈)이다. 하지점은 게자리(♋)에 해당되고, 동지점은 염소자리(♑)에 해당된다. 하나의 궁이 30도에 해당되므로, 양자리는 3월 21일부터 4월 20일까지이다. 이런 식으로 12궁을 나누는 것이다.

자신이 태어난 양력 생일로 자신이 태어날 때 태양이 어느 자리에 있었는지 알 수 있다.(『태라의 점성학 1』을 참고할 것.)

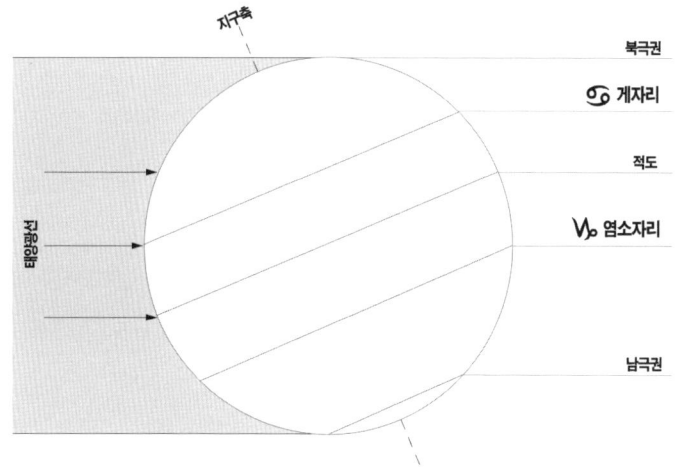

북반구에서는

양자리(춘분), 황소자리, 쌍둥이자리를 봄이라 하고,

게자리(하지), 사자자리, 처녀자리를 여름이라 하며,

천칭자리(추분), 전갈자리, 사수자리는 가을이라 하고,

염소자리(동지), 물병자리, 물고기자리는 겨울이라 한다.

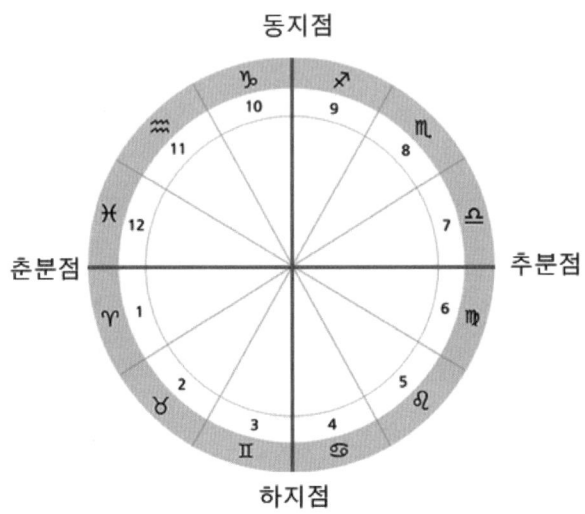

하지와 동지는 빛의 양이 다르다. 하지가 되면 북반구의 땅에 많은 양의 태양빛이 들어오고, 동지가 되면 남반구의 땅에 많은 양의 태양빛이 들어온다.

북반구를 기준으로 하지가 지나면서부터 빛의 양은 점점 감소하기 시작해서, 동지가 되면 태양빛이 가장 줄어든다. 동지를 기점으로 어둠의 3일을 지나고 나면 태양빛이 점점 되살아난다. 마치 예수가 3일 만에 부활하듯, 동지의 태양은 3일 동안 죽었다가 다시 3일 만에 찬란히 부활한다.

12월 21일(동짓날)은 태양빛이 완전히 죽는 날이고, 12월 24일 자정을 기점으로 태양빛이 되살아난다. 태양빛이 되살아나는 것을 서양에서는 예수라는 빛이 되살아나는 것에 비유했다. 그래서 예수탄생일이 12월 25일이 되는 것이고, 12월 25일부터 본격적으로 해가 길어지기 시작한다.

어둠의 시간이 지나고 12월 25일부터 양기가 서서히 차오르기 시작하여, 서양에서는 12월 25일을 새해가 시작되는 신호탄으로 삼는다. 그래서 크리스마스는 가장 큰 명절이 되는 것이다. 마찬가지로 우리나라에서는 동지를 '작은 설'이라 한다. 이미 새해가 시작된 것으로 보는 것이다.

태양빛이 증가하면서 땅에는 물이 많아지고 새봄을 준비한다. 염소자리의 견고함을 뚫고 물병자리가 땅에 물을 뿌려 새로운 밭갈이를 시작한다. 새로운 싹을 맺기 위해 땅을 개간하고 바꾸며 틀을 정비하는 시간이다. 동지부터 성탄절까지 3일이라는 시간은 예수가 죽은 기간이고, 성탄절은 예수가 태어난 날이자 부활한 날이며 태양빛이 되살아난 날이다. 예수 부활 스토리에는 자연현상의 이치가 숨겨져 있다. 대자연의 운행 패턴을 예수라는 빛의 아바타를 통해 상징성 있게 나타낸 이야기이다.

12월 25일은 예수의 생일이라고 하나, 원래 12월 25일은 고대로부터 태양신의 탄생일로 알려져 있다. 동지를 지나 3일 뒤 태양빛이 점점 되살아나는 것을 예수 부활과 연결시켜 예수 부활 드라마가 탄생되었다.

• 크리스마스와 산타

우리나라에서 동짓날에는 붉은색 팥죽을 먹듯, 서양에서도 크리스마스 때에는 붉은색을 사용한다. 산타도 붉은 옷을 입고 등장하고 루돌프도 빨간 코를 가지고 있다. 산타가 굴뚝을 통과해서 집으로 들어오는 것은 바로 어둠의 터널을 지나 들어오는 것의 상징이기도 하다. 산타는 일종의 복(福)이 들어오는 상징 코드다.

산타라는 아바타는 새해 복을 나누어주는 양기의 신(神)인 셈이다. 모든 악귀를 쫓고 어둠을 통과하여 붉은 옷을 입고 선물을 나눠주는 산타는 새해를 맞이하는 서양식 코스프레[34]이며, 산타는 복을 들고 찾아오는 귀인(貴人)이다. 모든 의식에는 상징 코드가 숨겨져 있고, 산타는 서양 기복(祈福) 신앙의 정수이다.

예수 탄생 이전(기원전)부터 로마와 이집트 등지에서는 12월 25일을 태양신의 축일로 기념하고 있었다.

태양력(율리우스력과 그레고리력)

우리나라는 1895년 음력 11월 17일을 1896년 양력 1월 1일로 정하는 태양력을 채택하고, 태음력(太陰曆)과 태양력(太陽曆)을 동시에 사용했다. 고대부터 우리나라와 유대인은 태음력을 써왔으며, 고대 로마도 율리우스력을 사용하기 전까지는 태음력을 써왔다. 태양력이 들어오고 난 뒤에는 태양력과 태음력을 동시에 사용했다.

---

34 코스튬 플레이(costume play). 옛날 그대로의 옷을 입혀 상연하는 극. 현대에는 캐릭터 등을 모방하여 그들의 옷을 입고 흉내 내는 일종의 퍼포먼스.

태양력은 태양을 기준으로 만들어진 달력이고, 태음력은 달을 기준으로 만들어진 달력이다. 태양력은 태양회귀년(太陽回歸年)을 기준으로 삼는다. 태양년은 지구가 춘분점(양자리 시작점)을 떠나 다음 춘분점까지 돌아오는 때를 시간으로 환산하여 나타낸 것이다.

우리가 알고 있는 1년 365일은 정확하게는 365.24219878일이다. 이 값 또한 세차운동(歲差運動)으로 춘분점이 조금씩 이동하기 때문에 미세하게 변화한다.

태양력에는 율리우스력과 그레고리력이 있다. 율리우스력은 기원전 46년 율리우스 카이사르(Gaius Julius Caesar, 기원전 100~기원전 44년)가 제정한 태양력이고, 그레고리력은 율리우스력의 단점을 보완하여 1582년 교황 그레고리 13세 때 개정한 후 그레고리력이라 불리게 되었다. 지금은 대부분의 국가들이 그레고리력을 쓰고 있다.

율리우스력은 1년을 365일로 놓고, 4년에 한 번씩 2월마다 29일을 추가하여 366일로 정해놓았다. 2월 29일이 생기는 해가 바로 윤년(閏年)이다. 이렇게 정하면, 율리우스력의 평균 한 해 길이는 365.25일이 된다. 그러나 실제 천문학적 회귀년은 365.2422일[35]로 0.0078일[36](11분 14초)의 차이가 난다. 이 오차가 쌓이고 쌓여서 그레고리력으로 개정될

---

35 정확하게는 365.24219878일이다.

36 365.25일에서 365.2422일을 빼면 0.0078일이 나온다. 0.0078일을 시간으로 환산하면, 하루는 24시간이므로 0.0078×24=0.182시간이다. 다시 분으로 환산하면, 한 시간은 60분이므로, 0.182×60=11.232분, 11분을 제외한 0.232분을 초로 환산하면 0.232×60=13.92초가 된다. 따라서 0.0078일은 11분 14초가량이 된다. 즉, 128년마다 1일의 편차가 난다.

즈음, 16세기에는 날짜가 무려 10일가량 빨라졌다.

그레고리력은 이러한 오차를 보완하고자 10일의 편차는 1582년 10월 4일(목요일) 다음날을 1582년 10월 15일(금요일)로 변경하여 조정했다. 또한 4년마다 윤일(閏日, 2월 29일)을 더하면서 생겨난 오차는 100년마다 윤일을 빼면서 조정했다. 단, 해당 해가 400으로 나누어떨어지는 해는 윤년으로 두었다. 이렇게 개정하면 한 해의 길이는 365.2425일이 되어 편차가 많이 줄어든다. 즉, 율리우스력은 4년에 한 번 윤일을 두면, 윤일이 400년에 백 번이지만, 그레고리력은 400년에 구십칠 번의 윤일을 두었다.

(예를 들면, 기본적으로 100년마다 윤일을 빼게 되면, 1600년, 1700년, 1800년, 1900년, 2000년에는 2월 28일이 되겠지만, 이 중에서 400으로 나누어떨어지는 1600년과 2000년은 2월 29일이 생기는 것이다.)

태음태양력

대부분 아시아는 태음태양력(太陰太陽曆)을 쓰고 있다. 즉, 달과 태양의 움직임을 모두 고려하여 만든 역법으로, 날짜는 음력으로 계산하고, 계절은 태양의 움직임을 기준으로 한다. 우리나라의 음력은 태음태양력이며, 명절이나 생일 등은 태음태양력에 맞추고 있다.

태음태양력은 달이 차고 기우는 것을 기준으로 한 달을 삼는다. 보름달에서 다시 보름달이 되는 시간은 29.5306일(29일 열두 시간 44분)[37]이다. 약 30일에 못 미치는 시간 때문에 태음력은 큰달(30일)과 작은달(29일)을 넣는다.[38] 한 달이 열두 번 지나면 1년으로 친다. 그러나 이렇게 계산하면 1년은 354일이 되므로, 실제 천문 회귀년인 365.2422일과 대략 11일이 차이가 나게 된다. 그래서 태음태양력은 윤달을 끼워 넣어 계절과 달을 맞추었다. 만약 윤달을 끼워 넣지 않으면 달력의 계절이 틀어져 버린다. 3년이 지나면 한 달 정도 차이가 나게 된다. 그래서 대략 3년에 한 달 정도 윤달[39]을 끼워 넣는 것이다.

윤달이 있는 해는 1년이 열세 달이 되는 것이며, 윤달은 신들도 감시를 내려놓고 쉬는 해라 했다. 그래서 이때에는 묘를 이장하거나 수의를 준비해놓는 풍습이 있다.

윤달은 19년 7윤법을 따르고 있다. 19년마다 태양력과 태음력이 일치하는 시기가 돌아오는데, 이 시기를 메톤주기(Metonic cycle)[40]라고 한다. 즉, 음력은 19년이 지나야 다시 일치한다.

- 큰달(30일) 125개월 + 작은달(29일) 110개월 = 235개월은 일수로는 6,940일
  (235 × 29.5306일 = 6939.691일)

- 태양년 19년의 일수는 6,940일이다.

37　29.5306일은 29일과 0.5306일로 나뉘는데, 0.5306일을 시간으로 환산하면, 0.5306×24=12.7344시간이다. 12시간과 0.7344시간을 분으로 환산하면, 0.7344×60=44.064분이다. 따라서 29.5306일은 29일 12시간 44분가량이 된다.

38　태양력은 월을 번갈아가며 30일, 31일을 두었다.

39　태음력은 19년에 일곱 번 또는 5년에 두 번 비율로 한 달을 더해 윤달을 만든다.

40　기원전 433년에 그리스 천문학자 메톤(Meton)이 발견했다고 하여 메톤주기라 한다.

- 6,940일을 연으로 환산하면 19년이 된다.

  태음태양력의 시간 단위인 연(年), 월(月), 일(日), 시(時)에는 간지(干支)⁴¹를 붙이고, 이렇게 나타내는 시각을 사주(四柱)라고 한다. 우리가 역사 시간에 배우는 갑신정변, 을미사변 등의 갑신(甲申), 을미(乙未) 등은 태음력을 간지로 표기해놓은 것이다.(※ 참고로 점성학에서는 양력을 기준으로 한다.)

---

41 간지(干支)는 갑, 을, 병, 정, 무, 기, 경, 신, 임, 계의 10간(十干)과 자, 축, 인, 묘, 진, 사, 오, 미, 신, 유, 술, 해의 12지(十二支)로 이루어져 있으며, 60년마다 같은 간지를 만나게 된다.

02 달

달은 밤을 지키는 행성으로, 지구에서 보이는 해와 달은 겉보기 지름이 정확하게 일치한다. 그 이유는 크기 대 거리의 비율이 같기 때문이다. 지구에서 달까지의 거리는 지구에서 태양까지 거리의 400분의 1이다. 또한 달의 지름은 지구의 약 4분의 1이며 태양의 약 400분의 1이다. 거리 대 지름의 비율이 딱 맞아떨어지기 때문에 해와 달의 크기가 지구에서 볼 때 거의 정확하게 맞아떨어지는 것이다.

달의 궤도주기[42]는 27.3일이며, 달의 회합주기(回合週期)[43]는 29.5일이다. 한 달의 달은 달(월)을 기준으로 했으며, 월요일의 월(月)도 달이 주관한다. 1년은 지구가 태양을 한 바퀴 도는 데 걸리는 시간이고, 한 달은 달이 지구를 한 바퀴 도는 데 걸리는 시간이다.

태양이 지나가는 길을 황도(黃道)라 하고, 달이 지나가는 길을 백도(白道)라 한다. 태양은 금색에 비유하기 때문에 황도라 하고, 달은 은색에 비유하기 때문에 백도라 한다.

---

42 달이 지구를 한 바퀴 도는 데 걸리는 시간.
43 달의 모양이 변하여 돌아오는 주기. 회합주기(回合週期)와 행성과 행성이 합을 이루는 회합(會合, Conjunction)과 혼동하지 말 것.

우리는 별들을 바라볼 때 신비감을 가지고 바라본다. 우리가 바라보는 별들은 광활한 하늘 그 어딘가에 떠서 환한 빛을 발하고 있기 때문에 별들에게 경외심을 갖는 것이다. 이러한 별들에게 접근을 할 때 누군가는 가슴속에 품는 꿈이 되기도 하고, 누군가에게는 나침반이 되기도 하며, 누군가에게는 연구대상이 되기도 한다.

별들을 대할 때 과학적으로 접근하기 시작하면 별들이 가지고 있는 신비성은 사라지고, 그저 얼음들이 모여 있는 돌덩어리에 불과하다고 생각할 수도 있다. 너무 천문학적으로 치우치면 신비감과 낭만이 사라져 버린다. 그래서 점성학은 현실과 영성 양쪽을 오갈 수 있는 그 어디쯤에 존재한다. 다르게 표현한다면 과학과 철학 그 사이 어디쯤에 위치한 학문이 바로 점성학이다.

점성학은 좌뇌와 우뇌를 동시에 활용하는 학문이기도 하다. 좌뇌에 치중하면 감수성이 배제된 너무 현실적이고 수학적인 검증 방법으로 연구해서 들어가고, 우뇌에 치중하면 너무 영성으로 빠져버리기 때문에 이 양쪽 모두를 적절히 조율할 수 있는 감각이 필요하다.

점성학은 별과 인간, 이 우주 삼라만상이 서로 연결되어 있으며 서로 영향력을 끼친다는 것에서부터 출발한다. 별과 별이 만나 서로가 서로에게 영향을 끼치고 간섭무늬를 만든다. 그렇게 모든 만물은 성장하고 상승한다.

달의 여신

고대로부터 인간들은 별들에게 이름과 의미를 부여했다. 마치 하나의 신처럼 별들에게 신의 모습을 투영시켰다. 별들에게 신의 옷을 입혀 신을 창조하고, 다시 그 신을 숭배했다. 누군가는 신을 만들고, 누군가는 만들어진 신을 숭배한다. 신을 만드는 것도 인간이요, 만든 신을 숭배하는 것도 인간이다. 즉, 인간의 집단무의식(集團無意識)이 탄생시킨 에너지체가 바로 '신'이다.

낮을 주관하는 태양에는 남성 신의 옷을 입혀 놓았고, 밤을 주관하는 달에게는 여성 신의 옷을 입혀 놓았다. 달에는 여신의 이름을 붙인다. 달의 이름은 여러 가지가 있다. 루나(Luna), 문(Moon), 디아나(Diana), 아르테미스(Artemis), 항아(姮娥) 등이 있다.

달은 지구의 분신 같은 존재이다. 지구도 여신으로 표현하고, 달도 여신으로 표현한다. 달은 여성성의 특징인 섬세함 그리고 감수성과 연관이 있다. 달의 형태에 따라 인간의 감정은 특히 영향을 받는다.

점성학적으로 달은 우리 인간의 우뇌와 연결시킬 수 있다. 그에 반해 인간의 좌뇌는 수성과 연결시킨다. 움직임이 빠른 행성인 달과 수성은 정보의 전달자이다. 수성이 지식적 정보를 담당한다면, 달은 감정적 느낌을 담당한다. 우뇌와 연결된 달은 감성적·감각적이고, 좌뇌와 연결된 수성은 이성적·논리적이다.

점성학에서 태양은 왕이자 아버지요, 권력과 명예 등을 상징한다면, 달은 왕비이자 어머니요, 인간의 감정을 상징한다. 달은 움직임이 빠른 행성이고 민감하고 예민한 행성이기 때문에 인간 감정의 변덕을 나타내기도 한다. 불안정은 안정을 찾아가려는 속성이 있다. 마찬가지로 달과 여성은 감정적으로 안정적인 것을 찾으려는 속성이 있다.

달이 어느 하우스에 위치하느냐에 따라서 차트 주인은 무엇으로부터 안정을 찾으려 하는지 알아낼 수가 있다.

예를 들어 1하우스에 달이 있는 사람은 마음이 불안정하고 변덕이 심하며, 외부로부터의 변수에 크게 반응한다. 반면에 외부로부터 변수가 들어오지 않으면 안정을 찾는다. 달이 4하우스에 들어가 있는 경우는 가정으로부터 안정을 찾으려나, 달의 변동성 때문에 안정을 찾아 빈번하게 이동할 수 있다.

달은 지구의 기억 창고

달은 지구의 기억을 보관하는 '기억 창고'이다. 또한 오랜 시간 지구와 함께해온 동반자이다. 지구의 주위를 돌면서 지구로 들어가는 태양의 빛을 조절하고 바다의 조류 흐름을 조절한다. 밀물과 썰물의 영향처럼 달은 인간에게도 영향을 미친다.

달은 인간의 감성을 조절한다. 여인의 생리주기가 28일이듯, 달의 공전주기도 28일44이다. 달의 모양을 보면, 7일 동안 살을 찌워서 7일간 아름다움을 내뿜고, 7일 동안 다이어트를 한 뒤 7일 동안 청소한다. 14일 동안은 소녀요, 14일 동안은 마녀다. 초승달은 소녀이고, 보름달은 부인이며, 그믐달은 마녀이다. 여성은 14일 동안 자궁에 달을 품고, 수태되지 않으면 자궁 청소에 들어간다. 청소는 마녀 담당이다.

여성과 달은 닮았다. 여성과 달은 에너지적으로 연결되어 있다. 인간의 감성을 주관하는 달은 때론 예민하게, 때론 풍요롭게, 인간의 심리상태를 조절한다. 월식은 '소녀와 부인과 마녀'라는 세 가지 얼굴을 한 헤카테(Hecate)45의 모습으로 등장한다.

달은 언제나 앞모습만 보여주는 숙녀이다. 그러나 그녀의 예쁜 앞모습 뒤에는 추한 추녀의 모습이 감추어져 있다. 중국에서는 달에 두꺼비 모양의 항아가 산다고 전해진다. 그리고 조선 시대에는 궁녀를 항아님이라고 불렀다.

항아(姮娥 혹은 상아)는 원래는 미인이었는데, 신이 자신의 남편 예(羿)에게 내린 불사약을 몰래 훔쳐 먹었다가 예에게 발각되자 달로 도망가 숨어버렸다고 한다. 아마도 두꺼비로 변해 달 뒤에 숨었나 보다. 우리는 평생 동안 아름다운 미녀의 모습(달의 앞면)만 보며 살고 있다.

달과 여자는 닮았다. 그래서 음을 상징하는 여성을 나타낼 때는 달

---

44 달의 궤도주기는 27.3일이고, 달의 회합주기는 29.5일이다.
45 대지의 여신, 달의 여신, 저승의 여신이 모두 합쳐진 신.

로 표현하고, 양을 상징하는 남성을 나타낼 때는 해로 표현한다. 우연인지 필연인지는 몰라도 달의 한 달 주기와 여성의 한 달 주기가 같은 것을 볼 때, 조물주가 자연을 보고 깨달으라고 비슷하게 무대 세팅을 해놓은 듯하다.

여성의 월경주기(月經週期)와 달의 공전주기는 비슷하다. 여성의 월경주기는 28일이다. 월경주기는 7의 배수로 변화기를 나눌 수 있다.

7(상현) – 14(보름: 배란) – 21(하현) – 28(그믐: 월경)

2주 동안 차서 보름달이 되는 달처럼, 2주 동안 차서 아름다운 여인이 된다. 달도 이때에 인력이 가장 세듯, 여성도 배란 때에 인력이 가장 세다. 즉, 끌어당기는 힘이 강하다는 이야기다.

초승달이 점점 차올라 밝고 환한 보름달로 떠오르듯, 여성도 점점 차올라 가장 환한 달이 된다. 이때가 달도 가장 예쁘고, 여성도 가장 예쁘다.

월경 후 14일이 되면 배란일이 된다. 배란일이란, 난소에서 난자가 나와 자궁의 중심에 여왕처럼 등장하는 것이다. 배란일이 가까이 오면 몸매도 살아나고, 머릿결도 부드러워지며, 마음씨도 아름다워진다. 기운도 맑고 여성성의 극점이 된다. 이때가 수태가 이루어지는 시기이다. 즉, 자궁 속에 보름달과 같은 여왕이 등장하면 마음도 한결 여유로워지고 부드러워진다. 마치 보름달이 비추듯 맑고 아름답다. 그 힘은 강력해서 무딘 남성들도 왠지 모르게 여성이 아름답다고 느낀다.

문제는 14일 배란일 이후부터이다. 이때부터 내면의 히스테리성 마녀가 살아나기 시작한다. 즉, 자궁의 중심에 여왕이 자리를 잡았지만 아무런 일도 일어나지 않았다. 그러면 아름다운 여왕은 사라지고 그 자리에 마녀가 들어선다. 14일 동안 자궁에 성을 만들었는데 수태가 되지 않으면 이때부터 자궁의 성을 허물기 시작한다. 그런데 중요한 점은 여왕이 사라지고 나면 보호막이 거둬진다는 점이다. 여왕은 사라지고 그 자리에 지독한 마녀가 들어서서 자궁을 부수며 청소하기 시작한다. 마녀가 괜히 빗자루를 타고 다니는 게 아니다. 다 이유가 있다.

여성 에너지가 극점을 치고 이후 보호막이 서서히 거둬지면, 여성은 땅으로 바짝 내려오게 된다. 보호막이 거둬졌기 때문에 스스로 보호막을 쳐야만 하는 상황에 직면하게 된다. 이때부터 외부의 기운들이 바로바로 치고 들어오기 시작한다. 그러면 여성은 예민해지기 시작하면서 외부에 대해 신경질적으로 반응한다. 즉, 내면의 마녀가 발동하기 시작한 것인데, 이것은 마치 그믐달의 날카로움처럼 예리하고 차갑고 아프다.

자궁에 마녀가 등장한 여성들은 주변의 안 좋은 기운을 끌어오는 역할을 맡는데, 특히 주변의 안 좋은 사념들이 당겨 들어오게 된다. 그래서 이때 여성들에게 두통이 많은 것이다. 즉, 주변의 사념을 끌어모아 한꺼번에 배출해내는 역할을 하고 있는 것이다. 이때는 심리적으로 왠지 불안하고 예민하며 신경질적이고 변덕이 심하다. 내면의 보호막이 약한 사람은 더 심하게 느낀다. 자궁에 마녀가 등장한 여성은 사념의 하수처리장이 되어 자궁을 깨끗하게 청소한다.

이런 측면에서 '자궁은 창조 에너지 센터'라고 할 수 있다.

14일 동안 에너지 센터를 만들고 수태가 이루어지지 않으면 이 센터를 부순다. 만들고, 부수고, 창조하고, 파괴하고, 달(月)마다 새로워진다.

월경(月經)은 성을 부수고 난 뒤, 물질화되어 나타나는 현상이다. 이때는 파괴의 신, 시바(Śiva)가 칼춤을 춘다. 그믐달처럼 차갑고 히스테릭한 칼춤을 춘다. 자신이 창조하고, 자신이 파괴한다. 즉, 자궁 속에 화이트홀(black hole)과 블랙홀(black hole)이 동시에 존재한다. 이곳에 바로 우주가 들어 있다.

월식과 일식

월식(月蝕)은 달이 지구 그림자에 들어오는 현상이고, 일식(日蝕)은 달이 태양을 가리는 현상이다. 따라서 월식은 밤에 볼 수 있고, 일식은 낮에 볼 수 있다. 월식에는 달이 사라지고, 일식에는 태양이 사라진다. 태양과 달이 사라지는 순간을 맞이하기 때문에 예로부터 월식과 일식은 매우 중요한 천문 현상 중 하나로 여겼다.

월식은 태양-지구-달이 일직선으로 늘어서고, 일식은 태양-달-지구가 일직선으로 늘어선다. 태양-지구-달일 때는 망(보름)이고, 태양-달-지구일 때는 삭(신월) 때이다. 망이나 삭일 때마다 일식 혹은 월식이 일어나지 않는 이유는 지구의 공전궤도와 달의 공전궤도가 5도가량 기울어져 있기 때문이다.

• 레드문과 블루문

레드문(red moon)은 개기월식 때 볼 수 있는 현상이다. 빛의 산란 현상 때문에 달이 붉게 보이는 것이다. 또한 레드문은 달이 지평선 가까이 뜰 때 붉게 보이는데, 개기월식 과정에서도 태양빛에 반사되어 붉은 빛을 띤다.

반면에 블루문(blue moon)은 푸른 달이 아니다. 블루문은 30일 또는 31일 한 달에 두 번 뜨는 보름달 중 두 번째 뜨는 달이다. 태양력에서 한 달은 30일(2월 제외) 또는 31일인데, 만약 1일이 보름날이었다면 그 달 30일 또는 31일에 보름달이 또 뜰 수 있다. 그래서 한 달에 두 번 뜨는 보름달 중 두 번째 뜨는 달을 블루문이라 했다.

서양에서는 보름달이 뜨면 음기가 강해진다 하여 보름달이 뜨는 것을 별로 달가워하지 않았으며, 또한 마녀가 활동하는 시간이라 하여 보름달을 경계했다. 그런데 이런 보름달이 한 달에 두 번씩이나 뜨니 재수가 없다고 표현하면서, '배신하다'라는 뜻의 고대 언어인 belewe라는 단어를 썼다. 이 단어의 발음이 블루와 같다 하여 지금의 블루문이 된 것이다. 그리고 달과 관련된 슈퍼문(super moon)의 경우는 달이 가장 커지는 때를 가리키는 말이다.

03 수성

수성은 태양으로부터 가장 가까운 행성으로, 공전주기는 88일이다. 지구에서 볼 때 수성은 태양과 최대 28도 이내에서 붙어 다닌다. 이것을 최대이각(最大離角)[46]이라 한다. 수성의 동방최대이각은 17.9~27.8도이고, 서방최대이각은 약 23도이다.

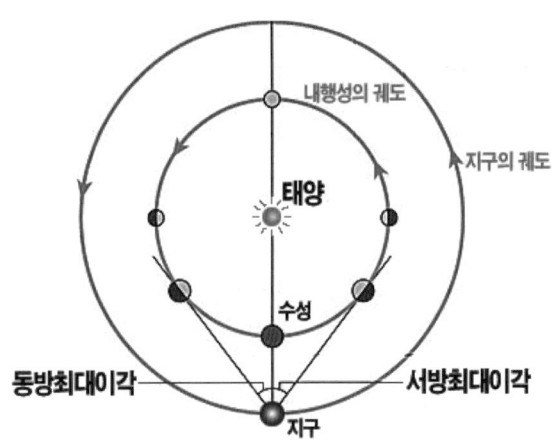

---

46 지구에서 관측자가 하늘을 볼 때, 어느 천체가 태양으로부터 떨어진 거리를 각도로 나타낸 것을 이각(離角)이라 하는데, 이각이 최대가 될 때를 최대이각이라 한다. 태양의 동쪽에서 태양으로부터 가장 멀리 떨어져 보일 때를 동방최대이각이라 하고, 서쪽은 서방최대이각이라 한다.

수성은 태양과 가까이 붙어 다니기 때문에 태양의 전령으로 알려졌으며, 달처럼 움직임이 빠른 행성이다.

달이 인간의 감정을 지배한다면, 수성은 인간의 지적 능력을 좌우한다. 그래서 달은 우뇌, 수성은 좌뇌적 속성으로 분류할 수 있다. 이성적이고 논리적으로 분석하는 것이 좌뇌의 영역이라면, 직관으로 알고 감정으로 느끼는 것은 달의 영역이 된다. 수성이 지배하는 궁은 쌍둥이자리(Ⅱ)와 처녀자리(♍)이다.

수성, 마법을 관장하는 헤르메스

수성은 태양에서 가장 가까운 행성으로, 서양에서는 신들의 전령이라는 이미지를 가지고 있다. 화성은 전쟁의 신, 금성은 미의 신, 수성은 신의 전령인데, 그리스에서는 헤르메스(Hermes)라고 불렀고, 로마에서는 메르쿠리우스(Mercurius)라고 불렀다. 줄여서 머큐리(Mercury)라고도 부른다.

점성학에서 수성은 쌍둥이자리와 처녀자리의 지배 행성이다. 수성은 매우 영리하고 똑똑하며 총명하다. 왕이 머무는 궁을 중심으로 안의 영역은 음(陰)인 처녀자리 수성이 담당하고, 밖의 영역은 양(陽)인 쌍둥이자리 수성이 담당한다.

수성은 공전주기가 가장 짧고 빠르기 때문에 날개 달린 신발을 신고 있는 모습으로 상징화된다. 『오디세이(Odyssey)』[47]에서는 주로 신들의 사자(使者)이자 죽은 사람을 죽음의 세계 하데스(Hades)로 인도하는 안내자로 나온다.

그는 꿈의 신이기도 하며 문간의 신이기도 하다. 인간 무의식의 꿈을 지배하고, 왕의 전령이기 때문에 문간의 신으로 표현되는 것이다.

인간의 머리에서 나오는 모든 정보들은 수성의 영역이며, 멘탈체에 기록된다. 수성의 에너지 영역은 헤르메스가 관장하고 인간의 멘탈(mental)체에 상응하며, 달의 에너지 영역은 아스트랄(astral)체와 연결되어 있다. 또한 지구는 육체 영역에 해당된다. 인간의 에너지체는 멘탈체, 아스트랄체, 육체로 구분할 수 있고, 각각의 영역은 수성, 달, 지구와 상응한다.

---

47 고대 그리스 호메로스(Homeros)의 대서사시.

고대 예술에서는 긴 튜닉(tunic)을 입고 모자와 날개 달린 신발을 신은 성인 남자로 표현되며, 카두케우스(caduceus) 지팡이를 가지고 있다. 카두케우스 지팡이는 서로 반대 방향으로 휘감겨 올라가 꼭대기에서 서로 머리를 맛 대는 두 마리 뱀으로 표현되었는데, 의사들의 상징이기도 하다. 또한 헤르메스는 이승과 저승을 연결하는 사자이자, 신과 인간을 연결하는 전령으로 헤르메스는 마법을 주관하는 신이다.

마법에서 가장 중요한 신은 헤르메스 트리스메기스투스(Hermes Trismegistus)이다. "헤르메스는 세 곱절이나 위대한 신"이라는 뜻이며, 고대 이집트의 현자(賢者)라고만 알려져 있다.

헤르메스 트리스메기스투스는 고대 이집트의 비전을 담은 『에메랄드 타블릿(Emerald Tablet)』의 저자로 알려져 있다. 『에메랄드 타블릿』은 고대 이집트에서 발견된 것으로 2,000년 이상 되었으며 에메랄드 판 위에 페니키아 문자로 양각되어 있는 서판이다. 『에메랄드 타블릿』은 연금술사들과 신비가들에게 아주 중요한 가르침을 전해주었고, 서양 정신문명의 핵심이다.

서양 정신문명은 대부분 이집트 사상과 유대 사상으로 이루어져 있다. 고대 이집트의 비전과 유대 신비주의가 혼합된 정신문명은 프리메이슨의 기초가 되었다.

『에메랄드 타블릿』의 서판 내용은 아래와 같다.

1. 이것은 진실이고, 거짓으로부터 거리가 멀다.

2. 아래에 있는 것은 위에 있는 것과 같다. 하나의 기적을 만드는 것은 이것을 통해 이루어지고 완벽해진다.

3. 또한 모든 것이 하나에서 나왔듯이, 결합된 모든 것은 이 하나로부터 나온다.

4. 그것의 아버지는 태양이요, 어머니는 달이라. 바람은 그것을 자궁 안으로 옮겨왔고, 모든 완벽함의 어머니인 지구는 그것을 길렀다.

5. 그것이 지구에서 회전된다면 그 힘은 완벽해진다.

6. 지혜와 겸손을 가지고, 분별력 있게, 천연 그대로의 것과 조악한 것으로부터 미묘하고 세밀한 것을 분리하고, 불로부터 지구를 분리하라.

7. 이것은 땅에서 하늘로 상승하고, 다시 하늘에서 땅으로 하강한다. 그리고 위에 있는 것들과 아래에 있는 것들로부터 힘과 효능을 받는다.

8. 이 방법에 따라 너는 전 세계의 영광을 얻을 것이다.

9. 그렇게 너는 모든 그림자와 어둠을 몰아낼 것이다.

10. 불굴의 의지로써 모든 다른 용기와 힘을 이겨내고, 모든 딱딱하고 조악한 것들과 미묘한 것들을 정복하고 관통할 수 있다.

11. 이에 따라 이 세계가 기초되었다.

12. 그러므로 경이로운 결합과 우수한 효과로 인해 이것은 기적을 가져올 수 있는 방법이 된다.

13. 전체 우주의 철학과 지혜에서 세 부분을 가지고 있기 때문에 사람들은 나를 '헤르메스 트리스메기스투스'라고 불렀다.

14. 태양의 작업에 관하여 나의 말을 마친다.

―1613년 테아트럼 케미쿰(Theatrum Chemicum) 번역본―

04 금성

금성은 지구와 가장 유사한 행성이다. 화학 조성 및 크기가 지구와 비슷하여 자매 행성 혹은 쌍둥이 행성이라고도 불린다. 태양계의 두 번째 행성이며, 미를 관장하는 여신의 이름을 따서 비너스(Venus)라 부른다. 금성은 태양 주위를 공전하는 데 225일(224.7)이 걸리며, 태양과 48도 이내로 붙어 다닌다. 금성은 달 다음으로 빛나는 행성이며, 새벽 무렵 나타나는 금성을 '샛별'이라 불렀다.

금성은 태양 주위를 회전할 때 다른 행성들과 달리 가장 원에 가깝게 회전한다. 그래서 궤도 이심률(離心率)[48]이 0.01 이하이다. 그만큼 원에 가까운 균형과 조화를 가지고 있기에 금성을 가장 완벽한 아름다운 여신에 비유한 것이다. 또한 금성은 자전 속도가 매우 느리다. 자전주기가 243일로, 자전주기가 공전주기와 맞먹기 때문에 하루가 1년 같은 형국이다. 그만큼 금성은 게으르고 느린 것처럼 느껴진다.

점성학적으로도 금성은 조화와 균형, 미와 아름다움, 애정과 사랑, 교감과 즐거움, 세련됨과 안락함 등과 연관된다. 금성의 부정적인 측면으로는 게으르고 느리며 편안한 것을 추구한다는 것이다. 금성은 황소

---

[48] 2차 곡선이 갖는 상수의 하나이다. 이심률이 1보다 작은가, 큰가, 또는 같은가에 따라서 타원, 쌍곡선, 포물선이 결정된다.

자리(♉)와 천칭자리(♎)의 주인 행성이다.

금성, 귀부인과 요부 사이

〈비너스의 탄생〉, 보티첼리 작품, 1485~1486년.

사랑과 자유의 여신 그리고 미를 상징하는 금성! 로마에서는 비너스 혹은 베누스(Venus)라 불리고, 그리스에는 아프로디테(Aphrodite)라 불린다. 아프로디테 이름의 어원인 아프로스(Aphros)는 바다 거품을 의미한다. 물거품으로 변하는 '인어공주 이야기'는 금성의 코드를 품고 있다.

매춘부들은 아프로디테를 자신들의 수호신으로 생각했다. 그래서인지 아프로디테를 성애(性愛)의 여신이라고도 한다. 아프로디테는 바다와 항해의 안전을 관장하는 여신이자, 사랑과 다산의 여신이기도 하다.

즉, 육체적 에로스(eros)의 표현이기도 하다.

금성은 예로부터 목성과 함께 길성으로 생각해왔다. 금성은 초록에 가까운 에메랄드빛과 상응하며, 자기적이고 수축성의 여성성을 닮았다.
자기적 측면에서의 끌어당김이 조화를 이루면 '귀부인'으로 나타나고, 자기적 측면에서의 끌어당김이 강하면 '요부'로 나타난다. 요부적 속성이 있는 여성이 남성 에너지를 과다하게 끌어당기면 양기가 강해져 수축형이 아니라 발산형으로 변한다.

고대 그리스에는 귀부인과 창녀의 중간인 '헤타이라이(hetairai)'라는 계급이 있었다. 옛날로 치면 고급 기생에 해당하는 위치이다. '헤타이라이'라는 말뜻으로만 보면 '동반자' 혹은 '친구'라는 개념이다.
고대로부터 남성들은 여인으로부터 지혜를 얻고자 했다. 치유사이자 지혜를 전달하던 고대 여사제의 역할적 지위가 점점 떨어지면서 후대에는 매춘부로 전락하고 말았는데, 그리스 시대에는 헤타이라이로 재탄생되었다.
고대 헤타이라이의 후예들은 18세기 유럽에서 '블루스타킹(bluestocking)'이라는 이름으로 활약하기도 했다. 이들은 높은 문학적 소양과 학식을 갖춘 여성들이었지만 '블루스타킹'이라는 말에는 비하적인 측면이 많았다.
18세기 유럽의 낭만주의는 고대 그리스의 로맨틱한 사조를 많이 끌어왔다. 정신적 기반이 없던 유럽은 그리스의 문명을 끌어와 정신적 기반의 바탕으로 삼았다.

요즘은 연예인들이 점점 여신, 남신처럼 추앙받는 시대가 되어 가고 있다. 진정한 비너스의 에너지를 간직하려면 육체적 아름다움과 지혜가 겸비되어야 하며, 그 속에서 균형의 미를 살려야 한다. 육체적 아름다움은 한철이지만 정신적 아름다움은 영원하기 때문이다.

05 화성

화성은 붉게 타는 듯한 붉은색을 띠고 있고, 화(火)의 기운을 다스린다 하여 화성 또는 형혹성(熒惑星)이라 불린다. 화성은 화요일을 다스린다. 서양에서는 전쟁의 신, 마르스(Mars)의 이름을 따왔다. 화성(♂)의 기호는 방패와 칼이다.

화성은 태양을 687일을 주기로 공전하며, 불의 행성이자 전쟁의 행성이다. 점성학적으로 화성은 자아의 뻗어 나오는 힘, 즉, 자신감과 자기주장, 힘과 야망, 공격성 및 충동성과 연관이 있다. 인간이 경쟁하고 육체적 힘을 쓰는 활동을 다스리며, 의학적으로는 열병이나 사고, 수술 등과 관계있다.

화성인 남자와 금성인 여자

점성학에서 화성은 남성으로 표현하고, 금성은 여성으로 표현한다. 화성은 남성성의 상징을 나타내고, 금성은 여성성의 상징을 나타낸다. 태양과 달이 인간의 정신적인 부분을 담당한다면, 화성과 금성은 인간의 육체적인 부분을 담당한다. 그래서 태양과 달은 부모에 해당되고 화성과 금성은 남성성과 여성성에 해당된다.

화성은 남성성이자 발산형이고 불기운이다. 금성은 여성성이자 수축형이고 물기운이다. 점성학에서 화성의 기호는 ♂이고 금성의 기호는 ♀이다. ♂는 마르스의 창과 방패를, ♀는 비너스의 거울을 상징한다.

화성의 기호인 ♂를 ⚥로 표시하기도 한다. ⚥는 금성을 거꾸로 뒤집어 놓은 것이다. 즉, 화성과 금성은 비슷하지만 서로 반대되는 성을 지녔다는 뜻이다. 그래서 이 둘은 뗄 수 없는 동반자적 관계이며, 서로 반대되는 속성을 배워야 하는 운명을 안고 있다.

서로 반대되는 남자와 여자처럼 화성과 금성도 서로 반대되는 속성을 지니고 있다. 여성은 물기운, 남성은 불기운인 것처럼 금성과 화성은 서로 반대되는 성향을 지녔다. 불은 위로 올라가고 물은 가라앉는 속성이 있다. 불은 뜨겁고 물은 차갑다. 불은 확장하고 물은 수축한다. 그래서 남자는 마음이 넓어야 하고, 여자는 마음이 깊어야 한다.

고대 점성학에서는 금성과 목성을 길성으로 보고, 화성과 토성을 흉성으로 보았다. 흉성이라고 해서 꼭 나쁜 것만은 아니다. 화성은 '젊은 무사'라 했고, 토성은 '늙은 집정관'이라 했다. 무사는 끊임없이 자신을 단련시키는 자이고, 집정관은 오랜 시간 노력하여 가장 높은 자리에 오른 자이다. 둘 다 끊임없는 노력과 단련을 통해서 성장하는 사람들을 상징한다. 그래서 흉성은 나를 단련시키는 스승이나 다름없다.

금성과 화성이 서로 반대 속성이듯, 목성과 토성도 서로 반대 속성을 지니고 있다. 금성이 끌어당기고 화성이 발산한다면, 목성은 확장하고 토성은 응집한다.

화성 역행

지구에서 볼 때 화성은 느리게 이동하다가 어느 순간 멈추었다가 역행하는 것처럼 보이는 때가 있다. 이것은 화성의 역행운동 때문이다. 이렇게 보이는 이유는 지구가 화성의 공전궤도를 앞지르기 때문에 멈추었다가 이동하는 것처럼 보이는 것이다.

지구는 자전하기 때문에 모든 별들이 동쪽에서 떠서 서쪽으로 진다. 지구궤도를 중심으로, 지구 밖에 있는 행성은 외(外)행성이라 부르고, 지구 안쪽 궤도에 있는 금성과 수성은 내(內)행성이라 부른다. 그런데 지구는 외행성보다 더 짧은 시간에 공전을 하기 때문에 주기적으로 행성을 추월하게 된다. 이때 행성은 이동을 멈추었다가 반대 방향으로 움직인다. 그리고 지구가 그 행성을 앞지르면 정상적인 방향으로 움직이는 듯 보인다. 이것이 행성의 역행(逆行) 현상이다.

화성(♂)	25.6개월마다 72일 역행
목성(♃)	13.1개월마다 121일 역행
토성(♄)	12.4개월마다 138일 역행

점성학적으로 화성의 역행 현상은 불길하게 여기기도 한다. 흉성인 화성이 오랫동안 한 궁에 머물러 있으면 그다지 좋을 것이 없다고 판단하기 때문이다. 그러나 다른 측면에서 설명하자면, 행성의 역행이나 멈춤의 시간은 스스로를 재조정하는 시기를 가지라는 뜻이기도 하다. 불길하게 볼 것이 아니라 스스로 자신을 돌아보고 점검하는 시간으로 삼으면 좋을 것이다. 천궁도 상에서 행성이 역행할 때는 기호 옆에 R 자를 붙인다.

06 목성

목성은 오행의 상징인 나무(木)와 연관을 지으며, 목요일을 다스린다. 목성은 나무처럼 성장과 번영의 뜻을 담고 있다. 목성은 행성들 중 가장 크기 때문에 행성들의 왕으로 불린다. 목성은 자기 자리에서 거대한 중력을 사용하여 포획할 것은 포획하고, 밀어낼 것은 밀어내어 자신의 에너지 장을 형성했다. 그래서 가장 많은 위성들을 거느리고 있다.

목성은 태양 주위를 약 12년의 주기로 공전한다. 천궁도의 각 궁에서는 1년가량 머무른다. 부피는 지구의 1,320배이나 대부분 가스로 구성되어 있어서 밀도는 지구의 4분의 1밖에 되지 않는다. 목성은 자전주기가 열 시간이다. 지구의 자전주기가 24시간인 것을 감안하면 목성의 자전은 크기에 비해 상당히 빠른 속도로 회전하고 있는 것이다.

목성은 금성 다음으로 밝게 빛나는 행성이다. 서양에서는 그리스 신의 이름으로는 제우스(Zeus)이고, 로마 신 이름으로는 주피터(Jupiter) 또는 유피테르이다. 주피터는 신 중의 신이며 주신(主神)이라 불린다. 상징으로는 번개와 독수리이다. 주피터는 번개나 비 같은 기상 현상을 주재할 뿐만 아니라, 세계의 질서와 정의를 유지하며, 왕권 및 사회적 위계질서를 보장하기도 한다. 신 중의 신인 만큼 주피터는 위엄이 있고 권위가 있으며, 신들의 질서를 유지하는 신이다.

목성, 풍요와 부의 행성

목성은 그 크기가 크고 많은 위성을 거느리고 있으며 태양계 행성 중 가장 큰 크기만큼이나 풍요롭고 팽창하는 힘이 강하다. 그래서 목성은 풍요의 상징이기도 하다. 천궁도에서 목성은 사수자리(♐)와 물고기자리(♓)의 주인 행성이다.

점성학적으로 목성은 성장, 확장, 팽창하는 힘이며, 번영과 행운의 상징이기도 하다. 종교와 법, 철학, 이상을 다스린다. 목성은 부피가 크고 팽창의 속성이 있기 때문에 비만과 연관이 있고, 인체에서는 간(肝)을 다스린다.

점성학에서 목성은 관대하고 카리스마가 있으며 확장하는 힘이 강하다. 풍요와 부를 담당하며 금성과 더불어 길성으로 분류된다. 목성은 태양 다음으로 큰 행성으로 행성 간 균형을 유지한다.

목성은 위성이 가장 많은데, 떠돌던 소행성들이 목성의 강한 중력에 붙잡혀 위성이 된 경우가 많다. 위성 수는 대략 67개(2012년 기준)가량 된다.

목성이 거느리는 위성들

목성의 67개 위성 중 가장 잘 알려진 위성으로는 이오(Io), 유로파(Europa), 가니메데(Ganymede), 칼리스토(Callisto)가 있다. 이들 모두 갈릴레이 위성이라고 부른다. 갈릴레이는 목성의 위성들을 '코시모[49]의 별'이라 불렀으며, 목성의 위성 이름은 시몬 마리우스(Simon Marius, 1573~1624년)[50]가 지은 이름이 채택되었다. 그 당시 갈릴레이는 목성의

49　코시모 메디치(Cosimo di Giovanni de' Medici, 1389~1464년)는 15세기 이탈리아의 금융인이자 인문학적 지식인으로, 르네상스 부흥을 이끌어낸 메디치가의 중요한 인물이다.
50　독일의 천문학자.

위성들을 코시모의 별(Cosmian Stars) 혹은 메디치의 별(Medician Stars) 이라 이름을 붙인 이유가 메디치가의 후원을 받기 위해서였다고 한다. 메디치가는 당시 플라톤 아카데미를 운영하면서 많은 지성인과 문화·예술인들을 후원했다.

- **이오, 유로파, 가니메데, 칼리스토**

이오는 목성의 위성 중 하나로 가장 잘 알려져 있다. 이오라는 이름은 제우스의 연인 중 한 명이자, 헤라(Hera)를 섬기던 여사제 이오의 이름에서 따왔다. 제우스의 연인들만큼 목성이 거느리는 위성들의 수가 많기 때문에 목성의 위성에는 제우스 연인들의 이름을 따서 붙였다.

유로파는 제우스의 구혼을 받았던, 페니키아 귀족 출신으로 크레타의 여왕이 된 인물이다. 크기는 달보다 조금 작고, 유로파의 밀도는 지구형 행성과 비슷하다. 또한 유로파는 물이 있을 가능성이 높기 때문에 잠재적 거주 가능성이 높은 행성으로 알려져 있다. 그만큼 외계 생명체가 있을 수 있는 곳으로 꼽는다.

가니메데는 제우스가 연정을 품은 소년이다. 그리스 신화를 보면, 가니메데는 인간 중 가장 아름다운 용모를 가진 인간으로 등장한다. 제우스는 그의 용모에 반해 연정을 품고, 천상으로 데려가 신들의 술을 따르는 시종으로 삼았다고 한다. 가니메데는 태양계 위성들 중 가장 크다.

칼리스토는 미모가 출중한 아르카디아(Arcadia) 왕의 딸로 나온다. 칼리스토는 아르테미스(Artemis)를 섬겼는데, 칼리스토의 미모에 반한 제우스가 아르테미스로 변신하여 사랑을 나누었고 이후 칼리스토는 동굴에서 아르카스(Arcas)를 낳는다. 이 사실을 안 헤라는 칼리스토를

곰으로 만들어 버렸다.

이오, 유로파, 가니메데는 궤도공명(軌道共鳴)을 일으킨다. 가니메데가 한 번 돌 때, 유로파는 두 번 돌고, 이오는 네 번 돈다. 궤도공명이란 두 천체가 회전하면서 서로 간에 영향력을 행사하면서 궤도를 조절하는 것을 말한다. 행성 간에 규칙적이고 주기적인 궤도 비율을 만들려는 현상이다. 즉, 이동하는 두 물체가 운동량을 교환하면서 서로 간에 궤도를 조정하는 것이다. 마치 인간도 두 사람이 엘리베이터 안에 서 있을 때 적정 거리를 유지하려는 움직임을 보이듯, 행성도 서로 간에 일정한 궤도를 유지하려 한다.

07 토성

 태양계에서 가장 큰 행성은 목성이며, 토성은 두 번째로 큰 행성이다. 토성에는 원시지구(原始地球)와 유사한 타이탄(Titan)이라는 큰 위성이 있다. 또한 토성에는 공식적인 이름이 붙여진 위성이 53개가량 있다.

 토성은 다른 행성과는 달리 고리가 있는데 마치 디스크 판처럼 생긴 고리가 달려 있다. 갈릴레이(Galileo Galilei, 1564~1642년)는 이 고리를 보고 토성에 귀가 달렸다고 표현했다. 토성은 태양 주위를 한 바퀴 도는 데 29.5년이 걸린다.

 토성의 명칭은 새턴(Saturn)이라 불리며, 로마의 신 사투르누스(Saturnus)에서 기원한다. 토요일을 뜻하는 새터데이(Saturday)도 이 이름에서 따왔다. 그리스 신화에서는 제우스의 아버지인 크로노스(Cronos)를 상징한다.

 크로노스는 하늘의 남신인 우라노스(Uranus)와 땅의 여신인 가이아(Gaia) 사이에서 태어났다. 최초 열두 명의 티탄족 신들 중 막내이자 지도자인 남신이며, 농경을 다스리는 신이다. 신화에서는 아버지인 우라노스를 몰아내고 신들의 왕이 되는데, 그 자신도 아버지처럼 권좌를 지키기 위해 자식들을 삼키는 악행을 행했고, 결국 그의 막내아들인

제우스를 비롯한 올림포스 신들이 반란을 일으켜 감금된다. 크로노스가 축출되고 난 뒤 농경의 신은 데메테르(Demeter)가 맡게 된다.

위의 신화에서 보듯, 토성의 성격은 크로노스를 많이 닮았다. 자신의 권좌를 지키려는 힘이 강하고, 지키려는 힘 때문에 주변 사람들을 묶어 두며, 결국은 스스로 감금이 된다.

토성, 카르마에 의한 감금

천궁도에서 토성이 다스리는 궁은 염소자리(♑)와 물병자리(♒)이다. 염소자리와 물병자리는 정치권력과 연관이 깊다. 염소자리에 토성이 위치하면 보수주의자로 비춰지고, 물병자리에 토성이 위치하면 진보주의자로 비춰진다.

토성은 흉성으로 간주되고 목성은 길성으로 간주된다. 토성이 감금되고 수축되며 묶어두는 성향이라면, 목성은 확장하고 펼치며 베푸는 반대 성향으로 나타난다.

토성의 상징은 큰 낫을 들고 있는 것으로 상징되며, 토성은 다른 행성과는 달리 디스크 판 같은 고리가 존재한다. 고리가 토성을 감금시키는 띠가 되듯, 토성은 스스로를 감금시킨다. 토성의 에너지는 카르마에 의한 감금 또는 묶여짐을 나타낸다. 카르마의 묶여짐이란, 스스로 고리를 풀 때까지 시간을 지체하고 에너지를 묶어두는 것이다. 토성의 긍정적인 측면으로는 지위나 권위를 지키려 하는 힘이다. 지키고 응집하려는 힘이 강하다.

점성학적으로 토성은 위축되고 빈곤하며 스스로 감금되어 자신을 수양하는 시간을 가지며, 인내 속에서 스스로를 정화하고 정련하는 시간을 갖게 된다. 또한 카르마적으로 묶여 있는 상태를 나타내기도 한다.

08 천왕성

급격한 변화를 이끄는 천왕성

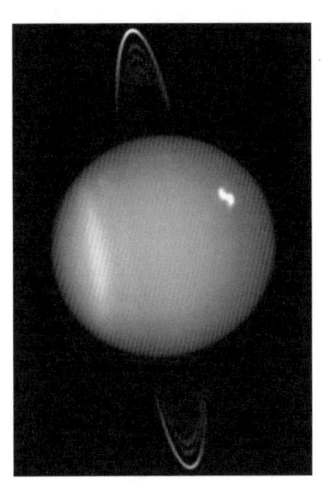

천왕성의 이름은 우라노스다. 우라노스는 크로노스의 아버지이며 제우스의 할아버지이다. 천왕성은 다른 행성처럼 맨눈으로 볼 수 있음에도 불구하고 움직임이 느리고 어둡기 때문에 오랫동안 그 존재가 알려지지 않았다.

천왕성은 목성, 토성 다음으로 반지름이 크다. 천왕성은 다른 행성과는 달리 지축이 좌측 그림처럼 누워 있다.

점성학에서 천왕성은 급진적이고 과격하며 예측 불허하게 나타낸다. 다른 행성과는 달리 독특한 형태로 회전하고 있는 것을 보면, 그 움직임이 매우 독특하다.

천궁도에서 천왕성은 물병자리(♒)의 주인 행성이다. 물병자리의 성격처럼 새로운 흐름을 만들고, 창조하며, 변화를 주도한다. 천왕성은 기존의 낡은 물을 버리고 새로운 물을 담듯, 고정되고 낡은 관념을 부수고 새로운 의식을 장착하게 만든다. 그래서 예측 불허하고 기존의 방식을 따르지 않는 것이다. 이러한 천왕성의 성격은 마치 파괴의 신처럼 다가온다.

천왕성의 회귀년(回歸年)은 84년이다. 인간의 수명이 대략 80세 전후라고 한다면 천왕성의 회귀년과 가장 비슷하게 맞아떨어진다. 천왕성은 한 세대의 에너지를 주관한다. 개인적인 행성이라기보다는 인류 전체의 변화와 관련된 행성이다. 천왕성은 인류의 의식을 이끌고 변화시키는 주체이며, 새로운 에너지를 수혈한다. 천왕성이 물병자리의 주인 행성이듯, 물병자리는 기존의 물을 버리고 새로운 병에 새로운 물을 담는다. 그만큼 천왕성은 개혁적이고 변화 주도적이며 창의적이다.

천왕성, 천재적 광기의 별

천왕성은 황도대를 통과하는 데 84년이 걸리며, 각 궁에서 7년가량을 보낸다. 물병자리에서는 지배 행성이 되며, 전갈자리에서 엑절테이션을 얻는다. 인체에 상응하는 부위는 두뇌와 신경이다.

천왕성은 변화, 개혁, 혁명 등과 관련이 있다. 시대의식을 변화시키고 관념을 파괴시키는 고차원적 에너지를 품고 있다. 그래서 천왕성이 상징하는 인물로는 발명가, 혁명가, 개혁가, 혹은 정신이상자를 나타내기도 한다.

천재와 정신이상자는 한 끗 차이로 갈라진다. 천재의 경계선 상에서 인간의 관념을 뛰어넘어버리면 인간의 의식으로는 도저히 이해할 수 없는 행동 등이 나오기 때문에 평범한 인간들이 보기에 천재였던 사람은 정신이상자처럼 비춰지는 것이다. 인간이 감지하는 파장대를 벗어나면 그때부터는 일반 인간과는 다른 존재가 되어버린다. 고차원의 파장대에 접속하여 새로운 발명이나 새로운 생각 등을 이끌어내기 때문에 평범한 사람의 눈에는 이들이 이상한 사람으로 비춰질 수 있다. 일반인이 느끼지 못하는 감각을 가질 수도 있고, 남들과는 다른 초감각을 지니고 있을 수도 있다. 그래서 천왕성은 극도로 신경질적이다. 평범함을 거부하고 남들과는 다른 에너지를 인간세계(人間世界)로 끌어오는 이들이다.

그래서 천왕성의 에너지는 드라마틱하고 난폭하다. 새로운 상황을 만들고 기존의 관념을 부수며 예측할 수 없는 방향으로 이끈다. 또한 갑작스러운 붕괴와 변화를 가져온다.

천왕성의 에너지는 독창적이고 독립적이며 광기적이다. 예측할 수 없기 때문에 어디로 튈지 모르며, 변덕이 심한 것처럼 비춰진다. 이러한 성향은 사회성이 결여된 것처럼 보이기도 하고, 자기 모순적으로 보이기도 한다. 천왕성의 에너지를 가진 사람들은 인류의 의식 발전을 위해 기여하고, 그의 삶은 인류에게 헌신되어질 필요가 있다. 천왕성은 모든 현대적인 기술 발전과 관련이 있으며, 통신, 인터넷, 미디어와 연관이 있다.

09 해왕성

경계를 허무는 해왕성

해왕성의 이름은 바다의 신으로 알려진 넵툰(Neptune) 또는 포세이돈(Poseidon)이다. 해왕성은 태양계에서 네 번째로 큰 행성이다. 해왕성의 기호 ♆는 포세이돈의 삼지창을 나타낸다. 해왕성은 토성만큼은 아니지만 약한 고리를 가지고 있다. 또한 해왕성이 태양을 한 바퀴 도는 시간은 165년이 걸린다. 해왕성 너머에는 카이퍼 대(Kuiper belt)[51]가 있으며 이 카이퍼 대에 명왕성이 포함된다. 목성의 중력이 소행성대(小行星帶)에 영향을 미치듯, 해왕성의 중력은 카이퍼 대에 영향을 미친다. 해왕성의 직경 크기는 토성 다음으로 크다.(참고로, 직경의 크기는 목성 > 토성 > 천왕성 > 해왕성 순이다.)

점성학에서 해왕성은 물고기자리(♓)의 주인 행성이다. 바다의 왕이란 이름처럼 해왕성은 물고기자리를 지배한다. 바다는 모든 것을 받아들이고 흡수한다. 그렇듯 해왕성은 모든 에너지를 스펀지처럼 빨아들

---

51 태양계의 해왕성 궤도 바깥쪽 부근에 있는 천체가 밀집한 지역이다. 구멍이 뚫린 원반형의 영역처럼 생겼다.

이고 경계를 허물어 버린다. 너와 나의 경계를 허물듯, 형태를 만들기 보다는 형태를 흩어버린다. 천왕성이 급격하게 길을 선회한다면, 해왕성은 길을 흩어버린다. 그런 점에서 천왕성과 해왕성은 일종의 파괴의 신에 해당된다. 형태를 흩어 버리듯, 경계를 애매모호하게 만들어 버린다. 네가 나인지, 내가 너인지, 이것이 내 것인지 네 것인지 모든 것이 불분명하다. 형태가 없기 때문에 형태를 이름 지을 수 없다. 해왕성이 다스리는 물고기자리는 모든 정보를 흡수하고 받아들이는 궁이다. 모든 정보를 받아들여 하나로 통합하는 임무가 주어진 궁이다. 가지처럼 뻗어 나간 정보는 다시 뿌리로 들어오고, 뿌리에서 재통합되어 다시 뻗어 나간다. 그래서 해왕성의 에너지는 무엇이든 흡수하고 통합하는 기능을 가지고 있다.

해왕성, 무정형의 몽상가

해왕성은 황도대를 통과하는 데 대략 165년가량 걸리고, 각 궁에서 약 14년가량을 보낸다. 물고기자리에서 지배 행성이 되고, 게자리에서 엑젤테이션을 얻는다. 성질은 이름처럼 물이 많고 습기 요소를 가지고 있다. 인체에 비유하면 성장·발육에 비유할 수 있다.

해왕성의 성질은 경계를 애매하게 만들고, 형태를 무정형(無定型)의 형태로 만들어버린다. 그래서 해왕성을 상징하는 인물로는 몽상가, 심령술사, 마법사, 중독자 등을 나타낸다. 환각 식품과도 관련이 많다.

해왕성의 에너지는 몽환적이고 모든 것을 느리게 만들며 불투명한 신비의 장막과 같다. 명확하게 단정 지을 수 없는 느낌이나 직감에 의존해야만 하는 상태를 나타낸다. 상상력이나 영감에 의존해야만 그 형태를 조금이나마 인지할 수 있다. 그래서 신비주의나 종교단체와 관련이 많다. 인간의 이성으로는 도저히 이해할 수 없는 비현실적이고 이해 불가능한 것을 나타낸다.

해왕성의 사람은 부드럽고 신비하며 꿈꾸는 듯 안개 속을 걷는 사람이다. 남들이 인지하지 못하는 것을 인지하고, 주변의 미묘한 분위기를 파악할 정도로 민감하고 초감각적이다. 그래서 신체적 감각이 매우 발달했고 감수성이 강하다. 음악적 재능이 발달되어 있다. 그러나 나약하고 잘 속으며 현실 개념이 부족하다. 현실과 꿈 사이의 경계가 희미하며, 알코올이나 약물중독에 빠져들기 쉽다. 우울증과 신경쇠약 또는 불안을 초래하기도 하며, 이상향을 꿈꾸거나 삶의 무의미를 느끼기도 쉽다. 종교적이거나 영적인 것들과 연결되기 쉽다.

10 명왕성

명왕성, 잠재적 힘을 가진 보스

명왕성은 태양을 한 바퀴 도는 데 248년이 걸리며, 한 궁에서는 약 12년 심지어는 30년까지 머물기도 한다. 명왕성은 전갈자리(♏)의 지배 행성이고, 사자자리(♌)에서 엑절테이션을 얻는다. 성과 배설의 기능을 담당한다. 명왕성은 겉으로 드러나진 않지만 내부에서 변형을 가져오는 힘과 관련이 있다.

명왕성이 가진 힘은 척도를 예측하기가 힘든 미지의 힘이다. 그만큼 감추어져 있기 때문에 그 힘이 어느 정도의 위력을 발휘할지는 아무도 예측을 할 수가 없다. 명왕성은 겉으로 드러나는 힘이라기보다는 내부에 잠재된 힘을 나타낸다. 본능적이고 강한 인간을 상징하며, 낮의 지배자이기보다는 밤의 지배자로 등장한다. 그래서 명왕성은 주로 독재자, 밤의 보스(boss), 사디스트(sadist) 등으로 상징되곤 한다. 우라늄(uranium)이나 플루토늄(plutonium)과 같은 방사성동위원소(放射性同位元素)[52]의 무거운 핵처럼 명왕성은 깊은 자력과 잠재적 힘을 내포하고

---

52 동위원소(同位元素) 중에 방사능이 있는 것을 '방사성동위원소'라고 한다.

있다.

겉으로 발현되지는 않았지만 에너지의 잠재성을 내포하고 있는 힘으로 상징되며, 우리 인간의 직감, 집착, 불안 등과 관련이 있다. 자석과 같은 힘을 가지고 있으며, 때때로 놀라운 에너지를 방출하면서 주변을 변화시킨다. 금융 위기와 같이 세계적 변화와 국제적 위기 순간과 관련이 있다. 명왕성이 통과한 뒤에는 긍정적이든 부정적이든 전체적인 변화를 감지할 수 있다.

명왕성(134340 플루토)과 에리스 그리고 항성의 시대

명왕성(冥王星)의 천문 기호는 ♇ 이고, 점성술 기호는 ♇ 이다. 명왕성은 태양계의 맨 바깥 부분 카이퍼 대에 위치한다. 카이퍼 대에서는 가장 큰 행성이기도 하다. 명왕성의 이름인 플루토(Pluto)는 그리스 신화의 하데스(Hades)에 해당된다. 하데스는 저승의 신이다.

명왕성은 2006년부터 '134340 플루토'라 명명되었다. 70여 년이라는 기간 동안 태양계의 행성으로 인정받아오다가, 2006년 행성으로서의 지위를 상실하고 '소행성 134340 플루토'가 되었다. 명왕성이 인간이었다면 상당히 기분 나쁜 일이었겠지만, 그렇다고 명왕성이 사라지는 것도 아니고 그 영향력은 아직도 지구에 미치고 있다.

고대 점성술에서는 10행성이 아니라 7행성(태양, 달, 수성, 금성, 화성, 목성, 토성)으로 인간의 길흉화복을 점쳐왔다. 그런데 18세기 무렵부터 발견되기 시작한 천왕성, 해왕성이 포함되어 9행성이 되었다가, 1930년에 발견된 명왕성까지 포함하여 10행성을 태양계에 포함시켰다. 그러나 우리 인간에게 직접적으로 영향을 미치는 행성은 7행성이다. 가까운 사람이 가장 큰 영향을 미치듯, 가장 가까운 별이 가장 큰 영향을 미치는 법이다.

7행성이 인간의 길흉화복을 관장한다면, 천왕성, 해왕성, 명왕성은 그보다 좀 더 넓고 큰 흐름에 포함된다. 예를 들어 변화, 개혁, 혼의 변성, 영적 직감 등에 관여한다. 원래 변화는 외부에서 새로운 기운이 들어와야 변화가 시작되는 법이다.

세계가 변화의 흐름에 들어섰을 때 천왕성과 해왕성이 발견되었고, 본격적으로 세계전쟁을 치를 때 명왕성이 등장했다. 명왕성이란 이름처럼 어두운 별이 지구의 의식에 들어오면서 지구는 전쟁의 소용돌이에 휩싸였고, 이름값을 하는 행성이 되었다. 명왕성이라는 이름은 어둡고 차가운 지옥의 신을 나타내고, 일부 나라에서는 염왕성(閻王星)이라 불리기도 한다. 즉, 지옥의 왕 염라대왕을 상징하는 별이 명왕성이다.

명왕성의 특징은 파격적이고 독특하며 예측 불허하다. 명왕성은 제2차 세계대전 당시 발견되어 수많은 사람들을 저승으로 데려간 저승사자와 같은 역할을 했다.
이런 명왕성이 지위를 상실하고 태양계에서 퇴출되었다는 것은 태양계의 경계를 허물고 우주 저 멀리 항성(fixed star)[53]이 들어오는 길을 열어준 것과 같다. 물질 세계의 저승사자로서의 역할이 끝나고, 어둠의 세계를 지나 빛의 세계로 나아가는 길을 터준 것이나 다름없다.

 명왕성이 퇴출된 계기는 에리스(Eris) 때문이다. 에리스란 이름은 '분쟁의 여신'이라는 뜻이며, 이름처럼 행성 간에 분쟁을 초래했다. 명왕성보다 큰 에리스를 행성으로 넣느냐 마느냐를 결정하는 과정 속에서 천문학자들은 행성의 정의를 다음과 같이 내렸다.
 "행성이란, 태양의 둘레를 도는 둥근 천체 중에서 주변 물체들을 쓸어버리고 홀로 남은 천체이다."

 위의 정의에 따르면, 에리스와 명왕성은 주변 물체들을 정리하고 살아남은 천체라고 할 수 없게 되어서 왜소행성(dwarf planet) 혹은 왜행성(矮行星)으로 분류하게 되었다. 즉, 행성의 지위를 얻으려면 주변 정리는 확실히 해야 행성으로서의 지위가 부여된다는 이야기이다.
 사람도 하나의 별로 치자면, 주변 정리를 확실하게 하여 독립적이고 자존적인 사람만이 하나의 행성처럼 별이 될 수 있는 자격이 주어지는 것이다.

 명왕성의 크기는 비록 달 정도에 불과하지만 모양도 특이하고 태양을 도는 궤도 또한 비정상적이고 예측 불허하기 때문에 두려움의 행성이 되었던 것이다.

---

53 천체 상에서 위치를 바꾸지 않는 붙박이별을 혹성과 구별하여 항성이라 한다.

우리는 모를 때 두려움을 느낀다. 막상 알면 두려움이 사라지지만, 어두워서 보이지 않거나, 낯설거나, 알려지지 않았을 때, 두려움을 느낀다. 따라서 명왕성이 잘 알려지지 않았을 때는 두려움의 대상이었으나, 알고 나니 그 두려움이 반감되는 것과 같은 이치이다.

점성학적으로 살펴보았을 때, 명왕성의 힘이 강한 사람은 암흑가 보스와 같은 기질을 띠게 된다. 명왕성은 예측할 수 없고 어두워서 두려움을 주는 존재이며, 영혼의 변성을 가져오는 별이다. 전체를 지배하거나 전체에서 따로 떨어지거나, 전부이거나 전무한, 극단적인 성향을 띠는 것이 바로 명왕성이다. 명왕성은 존재만으로도 돌발적인 정신적 변형을 가져온다.

천왕성이 급작스런 물질적 변혁을 가져온다면, 명왕성은 돌발적인 정신적 변형을 이끌어낸다. 물질적 변혁에서 오는 정신적 충격도 크지만, 명왕성은 죽었다가 다시 새롭게 부활시키는 힘을 가지고 있다.

명왕성에는 네 개의 위성이 있다. 죽은 자를 저승으로 데려가는 카론(Charon), 아홉 개 머리가 있는 물뱀 히드라(Hydra), 밤의 여신 닉스(Nix), 그리고 아직 명명되지 않는 P4이다. 저승의 별답게 위성들도 어둡고 무서운 이름들로 지어졌다.

명왕성의 역할은 2006년으로 끝이 났다. 이것은 물질적인 의미뿐만 아니라 영적인 측면에서도 의미가 있는 일인데, 태양계가 '갇힌계'에서

'열린계'가 되고 있다는 뜻이기도 하다. 그리고 물질판을 주관하던 어둠의 신이 물러나고, 새로운 흐름을 맞이하려 준비하고 있다는 징표이기도 하다.

세상에 우연이란 없다. 모든 것은 필연에 의해 만들어진 결과이며, 명왕성 너머 새로운 행성들이 다시 들어올 수 있는 길을 열어준 것이다. 따라서 점성학에서도 기존의 10행성 그 너머 항성까지도 그 영향력이 더욱 커졌다고 보는 것이 맞을 것이다. 이제는 행성의 시대가 아니라 '항성의 시대'가 열리고 있으며, 태양계 너머 항성들이 지구에 끼치는 영향력은 더욱 커질 것으로 보인다.

Chapter 5

소행성과 가상점

01 소행성

소행성은 행성보다는 작은 천체로, 분포하는 지역이 있다. 화성과 목성 사이의 소행성 띠와 카이퍼 대에 주로 위치하고 있다.

소행성 위치는 다음과 같다.

태양-수성-금성-지구-화성-**소행성 띠**(Asteroid belt)-목성-**트로이 소행성군**(Trojan group)-토성-천왕성-해왕성-명왕성 그리고 **카이퍼 대**.

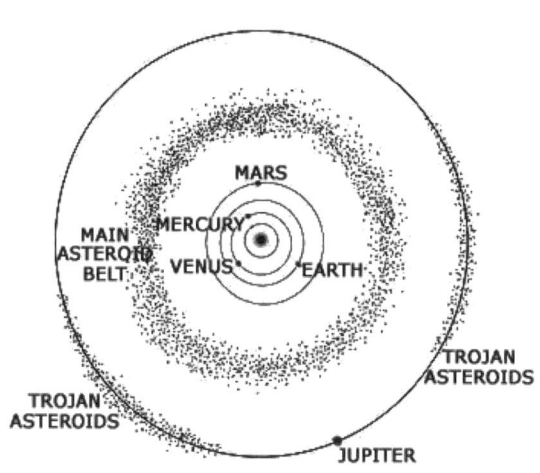

소행성 무리는 크게 다음과 같이 분포한다.

- 화성과 목성 사이의 소행성대.
- 목성의 라그랑주 점인 L4, L5 지점의 트로이 소행성군.
- 해왕성 바깥의 카이퍼 대.

화성과 목성 사이에서 발견된 소행성대에는 세레스, 팔라스, 베스타 등의 소행성이 있다. 현재 소행성대에서 발견된 가장 큰 소행성은 세레스이다. 세레스는 위성을 거느리고 있는 소행성이다. 세레스가 행성에 포함될 것이냐 안 될 것이냐를 두고 논란이 많았지만, 세레스가 궤도 주변의 다른 천체들을 쓸어내야 한다는 행성의 정의 조건에 부합되지 않아서 행성이 아닌 왜행성으로 분류되었다.

화성과 목성 사이의 소행성대는 고대 행성인 말덱크(Maldek)[54]가 파괴된 잔재라는 설이 있다. 명왕성도 2006년을 기준으로 행성 지위에서 왜행성으로 분류되었으나, 점성학에서는 명왕성을 살려서 활용한다. 명왕성은 카이퍼 대의 왜행성으로 분류한다.

---

54 화성과 목성 사이에 형성되던 행성. 완벽히 형성되지 않아 잔재들이 소행성대를 구성하고 있다.

세레스

⚳ 세레스(Ceres), 베스타(Vesta), 팔라스(Pallas), 주노(Juno) 이 네 개의 소행성을 '마이너(minor) 소행성'이라 한다. 소행성에 관한 것은 점성학자마다 다 다르며, 사용하는 사람이 있고 사용하지 않는 사람도 있다.

마이너 소행성 중 가장 큰 행성은 세레스이다. 케레스(Keres)라고도 하며, 곡물과 농경, 수확과 곡식의 여신과 연결되어 있다. 세레스는 육체적 구성과 다산(多産)을 상징하며, 로마 신화에서는 세레스, 그리스 신화에서는 데메테르라고 알려져 있다.

세레스는 농경의 여신이다. 세레스를 여성 행성인 달과 비교했을 때, 달보다 덜 감정적이고 육체적인 어머니 상징과 관련이 있으며, 사랑받고 양육을 받으려는 욕구를 나타낸다.

세레스의 상징 기호를 살펴보면, 여성 행성인 금성과 차이가 있다. 세레스는 열린 원이고, 비너스는 닫힌 원이다. 금성의 둥글둥글한 느낌과는 달리 세레스는 날카로운 낫 모양으로 상징되는데, 곡물의 여신이기 때문에 낫을 들고 있다.

세레스의 기호는 ⚳ 이고 금성의 기호는 ♀ 이다.
금성이 아름다운 '귀부인'이라면, 세레스는 '독신(獨身) 여성'이다.

점성학적으로 세레스는 처녀자리(♍)의 지배 행성으로 배치된다. 또한 세레스는 결혼하지 않은 독신 여성으로 상징되기도 한다.

세레스가 말덱크의 잔해 소행성이라면, 그리고 달이 말덱크의 위성이었다면, 세레스와 달은 둘 다 여성 행성인데, 달은 지구권 계에 잡혀서 지구에 시집을 온 격이라면, 세레스는 그 자리에 남아 미완성된, 결혼하지 못한 처녀로 상징되는 것이 맞을 것이다.

달과 세레스는 인간의 감정 상태와 매우 관계가 깊다. 달은 모성애의 극치를 표현하지만, 세레스는 달보다는 덜 감정적이고 더 물질적이다.
세레스는 처녀자리(♍)에서 룰러십을 얻고, 쌍둥이자리(♊)에서 엑절테이션을 얻으며, 물고기자리(♓)에서 데트리먼트에 빠진다. 또한 사수자리(♐)에서 폴 상태에 빠진다. 세레스는 수성처럼 처녀자리(♍)와 쌍둥이자리(♊)에서는 자신의 직분을 다하지만, 물고기자리(♓)에 들어가면 정리가 안 되고 경계가 모호해지며, 사수자리(♐)에 들어가면 망상적으로 변해버린다.

실제로 세레스에는 약한 대기와 함께 표면에는 물이 얼어 생긴 서리가 있는 것으로 추정된다. 과학자들은 물 얼음이 있을 것이라는 추정을 하면서 생명체가 있을 수 있다고 가능성을 열어놓고 있다.

팔라스

팔라스는 두 번째로 발견된 소행성으로, 크기는 세 번째이다. 팔라스라는 이름은 그리스 신화의 여신인 아테나(Athena)의 다른 이름으로, 팔라스 아테나(Pallas Athena)라고도 한다. 트리톤(Triton)의 딸이자 아테나의 어릴 적 친구인 팔라스가 죽자 그녀를 애도하며 이름을 팔라스로 바꾸었다고 전해진다. 또한 신화에는 여러 명의 팔라스들이 등장하나 여성의 이름으로 간주한다. 화학 원소 중 하나인 팔라듐(palladium)은 이 소행성의 이름에서 따왔다.

팔라스의 기호는 금성과 비슷한 모양에 원 대신 사각형 또는 마름모 형태의 도형이 얹혀 있다. 팔라스도 현대 점성술[55]에서 사용되며, 노력을 통해 발현되는 지혜와 지성을 나타내며, 추상적인 능력과 통합된 지능을 관장한다. 통찰 또는 직관과 밀접한 연관이 있으며 이러한 능력은 주로 정치적 계략 등에 사용되는 능력으로 본다. 팔라스 아테네는 '전쟁의 여신'인 만큼 정치적 지략(智略), 계략(計略)이나 술수 등, 힘의 논리에서 발현되는 직관적 지성을 나타낸다.

---

55 현대 점성술에서는 10행성과 더불어 근래에 발견된 소행성 등 마이너 행성 등도 분석에 활용하고 있다.

주노

✳ 소행성 주노는 세 번째로 발견되었으며, 크기로는 아홉 번째다. 로마의 여신 주노(Juno)는 유노라고 발음하기도 하며, 그리스의 여신 헤라와 동일하다. 헤라는 매우 중요한 여신으로, 제우스의 정식 부인이며 신들의 여왕이다. 결혼과 결합 그리고 가정환경을 주관한다. 물질적 금전과도 연관되며, 신성한 젖소와 공작으로 상징된다. 그녀는 특히 제우스가 다른 여성과 함께할 때, 질투심이 많고 공격적이었다.

결혼을 주관하는 여신인 만큼 점성학에서 주노는 배우자에 적응하는 능력과 연관이 있다. 사랑이나 낭만의 충족감을 느끼기 위해서, 또는 결혼생활이 성공적이고 만족스럽다고 느끼기 위해서 필요한 것을 나타내는 표시자로 사용된다. 즉, 결혼이라는 주제를 해석하는 데 사용된다. 금전과 젖소의 상징을 갖기 때문에 황소자리(♉)에서 힘을 얻는다.

베스타

 소행성 베스타는 크기로는 두 번째이며, 세레스 다음으로 무거운 행성이나 질량은 세레스의 28퍼센트에 불과하다.

베스타는 로마의 여신으로, 그리스 신화에서는 헤스티아(Hestia)와 동일한 처녀 여신이다. 중요한 여신임에도 불구하고 시각적으로 표현된 적이 없다. 베스타는 화로의 여신이며, 아기가 태어날 때 축복을 내리고 가정을 보호해주는 여신이다. 로마의 모든 도시와 가정에서는 베스타에게 봉헌하는 신성한 불이 피워져 있었으며, 그것을 꺼뜨리는 것은 용납되지 않았다. 마치 우리나라 부엌의 조왕신(竈王神)처럼 부엌을 지키고 또 불씨를 지키는 임무를 맡은 것이 바로 베스타이다.

여신 베스타가 불씨를 지키는 데 전념했듯이, 점성학적으로 베스타는 '한 사람이 전념하는 것이 무엇인가'와 '자아를 헌신하고 바치는 능력'을 나타낸다. 보호자로서의 역할을 수행하고 처녀 여신이기 때문에 베스타는 처녀자리(♍)에서 효력을 얻는다. 점성학적으로 베스타는 덜 사용되는 편이다.

키론

치료자의 별로 알려진 키론(Chiron)은 점성학자들이 많이 사용하는 편이다. 키론은 토성 바깥쪽의 소행성으로, 켄타우로스 소행성[56]이라 부른다. 그리스 신화에서는 케이론(Cheiron)이라 알려졌으며, 켄타우로스(Centauros)[57] 중 가장 현명한 신이다. 키론은 예언, 의술, 음악에 능했다.

키론은 인간 개개인에 영향을 미치는 7행성의 바깥에 있으면서 천왕성, 해왕성, 명왕성의 영향을 받는 소행성이다. 그래서 키론은 외부 행성과 토성의 중개자로 불려진다. 인간의 의식에 직접적으로 영향을 끼치는 7행성과 인류의 의식에 영향을 미치는 매우 느린 행성의 사이에 위치하며, 이 둘 사이의 에너지를 중재한다. 키론은 토성(♄)과 천왕성(♅)의 영향을 받는다. 외부에서 내부로 들어오는 문턱에 위치하여 인류의식에서 인간의식으로 에너지를 전달한다.

의술과 음악 그리고 예언은 치유의 덕목들이다. 그래서 키론은 지혜와 인내를 가지고 인류의식을 성장시키는 황도대의 위대한 치료자로 등장한다. 또한 키론은 변화의 파급력을 완화시키며, 인류의 고통을 완화하는 능력을 지니고 있다. 인류가 겪어야만 하는 변화의 상처를 스스로 극복할 수 있게 만드는 변화의 힘이다.

---

56 혜성과 소행성의 특징을 모두 보이는 소행성이다. 2060 키론이 대표적이다. 목성형 행성의 궤도를 통과하기 때문에 궤도가 동역학적으로 불안정하다.
57 그리스 신화에 등장하는 괴물의 일종. 상반신이 인간의 모습이고 허리에서 밑으로는 말의 몸과 네 개의 다리를 갖고 있다.

토성과 천왕성의 특징이 결합되고, 치유자의 속성을 가장 잘 드러낸 처녀자리(♍)에서 효력을 얻을 것으로 보인다.

세드나

세드나(Sedna)는 2003년에 발견된 해왕성 바깥 천체이다. 태양에서 해왕성까지 거리의 약 세 배가 되는 곳에 위치하고 있으나, 궤도가 심하게 찌그러져 있고 태양계에서 가장 먼 천체이다. 이 천체는 차갑고 멀리 떨어져 있기 때문에 이누이트(Inuit) 신화에 등장하는 바다의 여신 '세드나'라는 이름이 붙여졌다.

천문학자들 사이에 '2003 VB12'로 알려진 이 소행성은 화성처럼 붉은 외관을 가지고 있다. 지름이 명왕성의 3분의 2 크기이며, 태양계에서 가장 긴 공전주기를 가지고 있다. 해왕성의 중력에 영향을 받지 않기 때문에 오르트 구름(Oort cloud)으로 간주되기도 하며, 카이퍼 대 너머에 있다.

세드나는 현재까지 의미하는 해석이 없으나 바다의 여신이라는 이름처럼 전갈자리(♏)에 영향을 미칠 것으로 비춰진다.

일반적으로 소행성은 키론, 세레스, 베스타, 팔라스, 주노 이 다섯 개 소행성을 종종 다루며, 이 밖에 교점인 용두(龍頭)·용미(龍尾), 가상점인 릴리트(Lilith, 검은 달) 그리고 포르투나를 중요하게 다룬다.

02 교점과 가상점

천궁도 차트에서 중요하게 여겨지는 교점(交點)과 가상점(假想點)이 있다. 교점이나 가상점은 행성이 아니라 행성과 행성이 맺는 중요 각을 뜻한다. 교점에는 용두(☊)와 용미(☋)가 있고, 가상점에는 포르투나(⊗)와 릴리트(⌀)가 있다.

용두·용미

용두(☊)와 용미(☋)는 달의 교점이다. 즉, 백도와 황도가 교차하는 지점에 생기는 교차점이다. 교차점이 생기는 이유는 달의 궤도가 황도에서 약 5도가량 기울어서 회전하기 때문이다. 그래서 지구를 중심에 놓고 보았을 때, 달이 지나가는 길(백도)과 태양이 지나가는 길(황도)이 겹쳐지는 부분이 위아래 두 군데가 생긴다. 이 두 개의 교차하는 지점이 용두와 용미이며, 서로 정반대의 지점에 위치한다.

용두는 북쪽에서 교차하는 지점이고, 용미는 남쪽에서 교차하는 지점이다. 그래서 용두는 북교점(north node) 혹은 승교점(ascending node)이라 불리고, 용미는 남교점(south node) 혹은 강교점(descending node)이라 부른다.

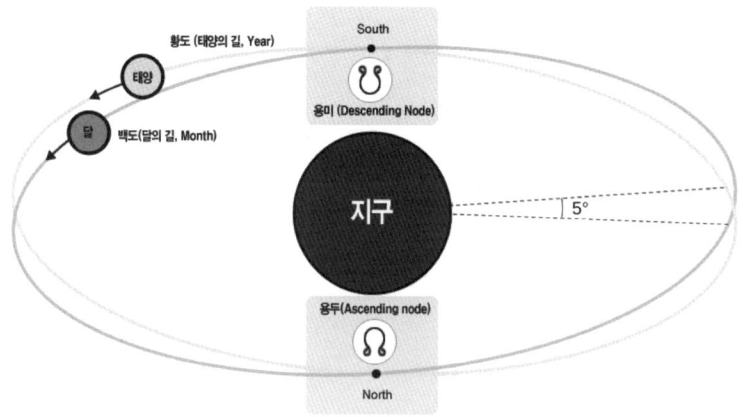

고대 유럽에서는 용두(龍頭, dragon's head)를 용의 머리라고 하여 기호도 용의 머리처럼 ☊ 의 상징으로 표현하고, 용미(龍尾, dragon's tail)는 용의 꼬리라고 하여 기호도 용두의 반대인 ☋ 로 표시한다. 차트에서는 언제나 용두 반대편에 용미가 위치하기 때문에 용두만을 표기한다.

참고로 일식이나 월식은 달의 교점 때에 일어난다. 신월 또는 그믐달인 상태에서 달이 교점을 가로지를 때 일식이 일어나고, 보름달인 상태에서 달이 교점을 가로지를 때 월식이 일어난다.

점성학적으로 용두는 시작되는 경험과 새로운 과정에 접어들면서 성장을 시작하는 지점이고, 용미는 끝나는 경험과 마지막을 마무리하는 끝의 지점을 상징한다. 그래서 용두는 새로운 출발이요, 용미는 마지막

완결이다. 용두가 탄생이라면 용미는 죽음에 해당되며, 용두가 창조라면 용미는 파괴에 해당된다. 그래서 용두는 길하게 여기고 용미는 불길하게 여긴다.

특히 용두는 목성과 비슷하게 간주하고, 용미는 용두의 정반대편에 위치하는 지점으로 특별히 지점을 표시하지는 않으나 용미는 끝나는 과정에서 해체의 성격이 강하다.

포르투나

 포르투나는 행운의 가상점이다. 상승점(AC), 달(☽), 태양(☉)의 위치를 통해 산출할 수 있다. 프톨레마이오스 계산법은 "달(☽)과 태양(☉)의 간격+상승점(AC)"이다. 별자리의 순행 방향을 기준으로 달과 태양 사이의 간격 차를 구한 후, 상승점에 그 값만큼을 더한다.

예)

☉ : 22도 33분 ♏

☽ : 03도 08분 ♑

ASC : 06도 22분 ♈

⊗ : 16도 57분 ♉

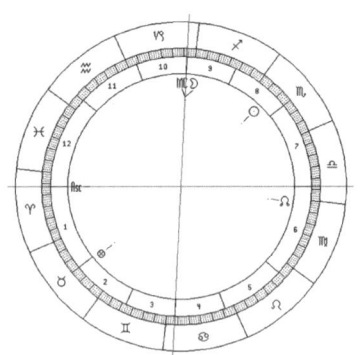

먼저 달과 태양 간의 간격을 구한다.

전갈자리(♏)와 염소자리(♑) 사이에는 사수자리가 위치한다.(♐ 30도)
궁 하나는 30도이므로, 염소자리(03도 08분 ♑)+사수자리(30도 ♐)+전갈자리(30도-22도 33분 ♏)

03도 08분 + 30도 + 7도 27분 = 40도 35분(달과 태양의 간격)

상승점(06도 22분 ♈) + 달과 태양의 간격(40도 35분) = 46도 57분
46도 57분은 30도 + 16도 57분(♉)이다. 따라서 포르투나(⊗)의 위치는 황소자리(♉) 16도 57분에 위치한다.

- **운명의 여신 포르투나(⊗)**

포르투나는 운명의 여신이다. 운명의 여신답게 행운을 안겨주는 여신이 바로 포르투나이다. 점성학에서 이 포르투나는 목성이나 금성처럼 길성으로 여겨지며, 부와 재물을 가져다주는 행성으로 인식이 된다. 이 포르투나는 행성이라기보다는 절묘하게 이루어진 에너지 공간이다. 달과 태양의 위치 그리고 상승점이 절묘하게 어우러진 공간대에 운명의 여신이 좌정(坐定)해 있다.

이 운명의 여신은 행성은 아니지만 하나의 에너지 벨트대를 형성하고 있다. 행성과 각을 이룰 수는 없지만 다른 행성이 이 포르투나와 각을 맺을 수는 있다. 즉, 수동적으로 행성에 행운을 안겨주는 역할을 맡고 있는 셈이다.

행운은 가져다주는 것이 아니라 만들어가는 것이다. 이 포르투나는 운명을 만들어가려는 이에게 행운을 안겨주는 미지의 공간 에너지이다.

운명의 여신은 언제 나타나는가?
운명처럼 나타나며 우연처럼 스쳐지나간다.

그런데 점성학에서 우연이란 없다. 필연만 존재할 뿐…….
모든 우연과 운명조차도 행성의 움직임 속에서 일어나는 우주의 움직임일 뿐이다. 운명의 여신은 어느 날 갑자기 찾아오는 행운이 아니라 시간이 안겨주는 선물이며, 행위에 대한 대가이다. 행위에 대한 대가는 이생에 받기도 하지만 다음 생으로 이어지기도 한다.

포르투나는 운명을 개척하는 자에게 행운을 안겨준다. 하늘에서 뚝 떨어지듯 그렇게 찾아오는 것이 아니라, 운명을 만들고 개척하는 이에게 덤으로 안겨주는 길성의 빛이다.

그리스 신화에는 세 명의 운명의 여신이 나타난다. 실을 짓는 여자와 실을 감는 여자 그리고 실을 자르는 여자가 등장한다. 인연과 인연을 연결하고, 인연과 인연이 상생의 흐름을 만들어내고, 또 인연이 다한 인연을 끊어주기도 하는 것, 이것이 운명의 여신들이 관장하는 일들이다.
탄생과 삶 그리고 죽음도 인연의 만남과 헤어짐의 연속이다. 그러고 보면 운명의 여신이란, 실과 실을 연결하듯 에너지와 에너지를 연결하는 에너지 주관자이다.

릴리트

릴리트(Lilith)는 '어둠의 달'로 불린다. 지구에서 가장 먼 지점(원지점)이기 때문에 달이 이 지점에 들어오면 평소 크기보다 작게 보인다. 그만큼 지구로 전달되는 빛의 양이 작아서 어둠의 달이라 불리는 것이다.

릴리트라는 이름은 고대 유대로부터 내려온다. 아담과 이브가 결혼하기 전, 아담은 릴리트라는 여인과 먼저 결혼했는데, 이후 아담은 그녀를 버린다. 이렇게 버림받은 후 릴리트는 어둠의 아내가 되었다고 전한다.

릴리트는 어두운 밤을 통과하듯, 카르마라는 인생의 어둠의 시간을 통과한다. 카르마는 행위에 대한 결과이며 영혼의 부채(負債)이다. 어리석은 도전에 대한 결과이며, 성장으로 가는 고통을 수반한다. 헤아릴 수 없는 불안과 멈출 수 없는 욕망, 부정의 모순 등을 경험하면서 경직되었던 관념을 허물고 자아를 변형시킨다. 이전 생에서 못 다한 경험을 보충하는 시련의 시간을 가짐으로써 한층 성숙된 자아를 만들 수 있다.

어둠의 달, 릴리트는 스스로 정련하고 단련시키는 명왕성과 닮았다. 또한 안으로 파고드는 화성과도 같고, 주변을 변화시키는 천왕성과도 같다. 감정이 매우 깊고, 변혁적이며, 성적인 상징을 가지고 있다. 인간의 욕망을 상징하는 에덴동산의 뱀처럼 어리석은 유혹을 상징한다.

릴리트는 각 궁에서 약 9개월을 보낸다. 전갈자리(♏)에서 룰러십을 얻고, 양자리(♈)에서 엑절테이션을 얻으며, 황소자리(♉)에 데트리먼트, 천칭자리(♎)에서 폴 상태에 빠진다.

릴리트와 대립하는 곳에는 프리아포스(Priape 또는 Priapus)가 있다. 프리아포스는 달의 근지점 장소로, 지구에서 가장 가까운 지점이다. 이곳은 행운이 없는 장소로 간주된다. 달의 근지점(프리아포스)에 달이 들어오면 슈퍼문(super moon)이 되고, 달의 원지점(릴리트)에 달이 들어오면 미니문(mini moon)이 된다. 슈퍼문은 13개월 내지 14개월에 한 번씩 찾아온다. 반면에 미니문은 9개월에 한 번가량 찾아온다.

달이 지구에 가장 근접하는 슈퍼문 시기에 우리 인간은 본능에 충실해진다. 본능은 이성을 마비시키고 욕망의 에너지를 분출시킨다. 그래서 프리아포스는 인간의 원시적·본능적 성질을 상징하며, 우리 마음속 깊이 감추어진 성과 관능, 공포와 무절제 등을 상징한다. 순간의 욕망은 강할지라도 그 다음에 맞이하는 파국은 행운을 걷어간다. 그래서 프리아포스는 행운을 걷어가는 장소로 여겨지는 것이다.

Chapter 6

점성학과 시간

01 세계표준시와 탄생시

점성학을 하다 보면 시간의 중요함을 절실히 느낄 수 있다. 태어난 시간에 의해 별들의 위치가 최종적으로 세팅된다. 해가 뜨고 지고, 별이 뜨고 지는 행성의 정확한 움직임에 별들의 각도가 어떻게 도움이 되고 어떻게 방해가 되는지 나타나기 때문에 시간은 무척 중요하게 다루어진다. 또한 태어난 위치도 중요하다.

한국에서 태어난 사람과 미국에서 태어난 사람은 낮과 밤이 다르기 때문에 태어난 장소의 시간이 필요하다. 따라서 시간 타임 존(time zone)의 세팅을 가장 먼저 고려해야 한다.

천궁도를 세팅할 때, 타임 존은 세계표준시(universal time)를 표시한다. 즉, 태어난 장소의 시간대를 말하는 것이다. 차트 주인이 어느 지역에서 태어났는지에 따라 그 지역의 표준시는 달라지며, 그 당시 서머타임(summer time)[58]이 있었는지도 고려해야 한다.

---

58 일광절약시간제(日光節約時間制)로 하절기에 표준시를 원래 시간보다 한 시간 앞당긴 시간을 쓰는 것을 말한다. 우리나라의 경우 1987년과 1988년에 서머타임제를 실시했다.

세계표준시와 로즈라인

지구는 자전하기 때문에 경도에 따라 시간이 달라진다. 그래서 각 나라마다 시간이 달라지는 것이다. 우리나라가 낮이라면 지구 반대편은 아직 밤이 된다. 이 시간의 규칙을 정한 것이 바로 세계표준시이다.

세계표준시는 UTC(universal time coordinated)[59]라고 하며, GMT(영국 그리니치)가 협정세계시(世界協定時)로 채택되었다. GMT는 영국 그리니치 천문대를 자오선의 기준점으로 정한 시간이다. 즉, 영국 그리니치 천문대를 지나는 경선[60]의 경도를 0도로 정한 것이다. 경도 15도 간격으로 한 시간의 차가 발생하는데, 경도 15도는 태양이 천구상을 한 시간 동안 운행하는 각도이다.

GMT는 1855년부터 세계가 인정한 시간대로 정해졌고, 1972년 원자시계(原子時計) 속도에 맞추어 그리니치 자오선을 통과하는 시간대를 UTC(세계표준시)로 확정했다. 따라서 UTC(협정세계시)는 일명 GMT라고도 한다. UTC를 정하는 데에는 기상학자, 지질학자, 천문학자들이 참여하여 세계의 표준으로 삼은 것이다.

우리나라의 경우, 대한민국 표준시(Korea Standard Time, KST)가 UTC+09:00 이렇게 표시되어 있다면, 협정세계시(UTC)보다 아홉 시

---

[59] '세계협정시'라고도 하며, 국제 사회가 사용하는 과학적 시간의 표준이다. 1972년 1월 1일부터 시행된 협정세계시는 세슘 원자의 진동수에 의거한 초의 길이가 그 기준으로 쓰인다.
[60] 북극점과 남극점을 최단 거리로 연결하는 지구 표면상의 세로의 선을 뜻한다.

간이 빠르다는 이야기이다. 이 시간대를 두고 여러 차례 변경이 이루어졌다. 우리나라에서는 1908년에 처음 서양식 시간대가 도입되어 동경 127.5도를 기준으로 UTC+8:30으로 사용하다가, 1910년 동경 135도 UTC+9로 변경했고, 해방 이후 다시 127.5도 UTC+8:30으로 바꿨다가, 1961년 다시 동경 135도 UTC+9를 채택했다. 북한도 동경 135도를 채택하고 있으며, 일본의 시간대와 동일하다. 그러나 일본은 우리나라보다 해가 일찍 진다. 우리나라에서 겨울철 6시에 해가 진다면, 일본은 약 5시 반경이 되면 해가 진다.

하루는 24시간이고, 지구가 한 바퀴 도는 시간이다. 따라서 360도 나누기 24시간을 하면 15도가 나온다. 즉, 태양이 한 시간에 15도씩 움직인다는 이야기이다. 그렇다면 30분에는 7.5도를 움직인다는 말이다. 동경 135도에서 동경 127.5도는 7.5도 차이가 나기 때문에 일본 시간과 우리나라의 시간은 30분가량 차이가 발생한다.

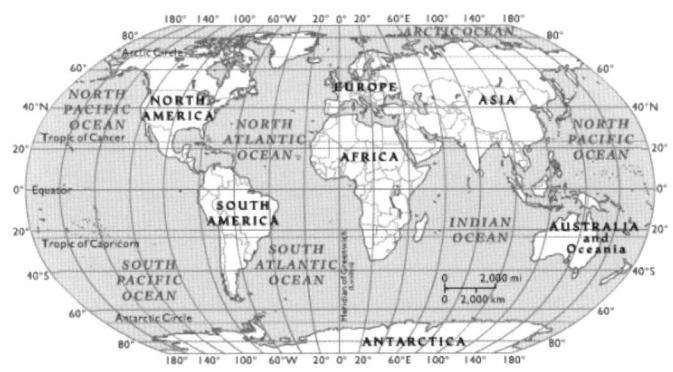

지도 출처: 타임 존 컨버터

Chapter 6 점성학과 시간 · 213

위 그림의 가운데 0도로 표시되어 있는 라인이 그리니치 천문대를 기점으로 하는 시간대의 중심점이다. 중심점(0도)로부터 우측에 있는 대한민국은 9시간 빠르고, 좌측에 있는 미국은 6시간가량 느리게 된다. 따라서 0도인 그리니치 천문대를 기점으로 우측은 (+)시간 좌측은 (−)시간이 된다.

또한 땅덩어리가 넓은 지역은 여러 개의 표준시를 사용한다. 아래 도표는 그리니치 표준시(GMT)를 중심으로, 세계 각 지역의 표준시 약자와 표준시를 표시해놓은 것이다.

GMT	그리니치 표준시	UTC 협정세계시
KST	대한민국 표준시	UTC+9
PST	태평양 표준시	UTC−8
AST	대서양 표준시	UTC+3
JST	일본 표준시	UTC+9
WET	서부 유럽 표준시	UTC 협정세계시
CET	중부 유럽 표준시	UTC+1
EET	동부 유럽 표준시	UTC+2
CST	중부 표준시(아메리카)	UTC−6
EST	동부 표준시(아메리카)	UTC−5
MST	산악 표준시(아메리카)	UTC−7
CAT	중앙 아프리카 표준시	UTC+2
WAT	서아프리카 표준시	UTC+1
SAS	남아프리카 표준시	UTC+2
IST	인도 표준시	UTC+2
GST	걸프 표준시	UTC+4

UZT	우즈베키스탄 표준시	UTC+5
NZST	뉴질랜드 표준시	UTC+12
CCT	코코스제도(인도양) 표준시	UTC+6:30
SST	사모아 표준시	UTC-11

※ 약자가 겹치는 경우도 있다. 겹치는 경우 지도와 표준시를 따져서 구분해야 한다.

• 로즈라인

자오선(meridian, 子午線)[61]을 '로즈라인(Rose Line)'이라고 한다. 로즈라인이란 본초자오선(本初子午線)이라는 뜻도 있지만, 신비적 용어로 막달라 마리아와 예수의 혈통을 뜻하기도 한다. 이 로즈라인은 영국의 로슬린(Roslin) 예배당과 프랑스 루브르(Louvre) 박물관을 따라 연결되어 있어서, 로슬린의 R, 루브르의 L을 연결하여 '로즈라인'이라고도 한다. 소설『다빈치 코드』에 이 로즈라인에 대한 설명이 잘 나와 있다. 로슬린 예배당은 스코틀랜드 에든버러 남쪽 11킬로미터 지점으로, 암호가 담긴 혹은 돌로 만든 태피스트리(tapestry)라고 불릴 정도로 신비한 탤리즈먼(Talisman) 예배당이다. 스코틀랜드와 프랑스는 막달라 마리아 코드가 숨겨진 중요한 지역으로, 나의 다른 책에서 이미 다루었다.

---

61 천구 상에서 관측자를 중심으로 지평면의 남북점, 천정, 천저를 지나는 선이다.

0:00	런던	GMT+0
1:00	파리	GMT+1
2:00	카이로(이집트)	GMT+2
3:00	제다(사우디아라비아 항구도시)	GMT+3
4:00	두바이	GMT+4
5:00	카라치(파키스탄)	GMT+5
6:00	다카(방글라데시)	GMT+6
7:00	방콕	GMT+7
8:00	홍콩	GMT+8
9:00	도쿄	GMT+9
10:00	시드니	GMT+10
11:00	누메아(누벨칼레도니의 수도)	GMT+11
12:00	웰링턴(뉴질랜드의 수도)	GMT+12

02 시간의 로드

 시간의 로드 혹은 타임로드(time lord)는 천궁도를 분석하는 데 꼭 필요한 것은 아니다. 고대로부터 시간의 로드는 탤리즈먼이나 마법을 행할 때 꼭 필요한 요소였기 때문에 간단하게 참고하는 정도로 알고 있으면 된다.
 시간의 로드란 일정한 시간대을 다스리는 행성의 힘이다. 마법이나 탤리즈먼에 있어서 가장 중요한 부분이 바로 시간의 로드를 찾는 방법이다. 해당 시간에 해당 행성을 찾아 그 행성의 힘을 활용하는 것, 이것이 바로 시간의 로드를 활용하는 방법이다.
 고대에는 약초를 따거나 어떤 중요한 일을 할 때 이 시간의 로드를 사용하곤 했다. 명리학으로 따지면 길일(吉日)을 잡는 것에 해당될 수도 있다. 고대 점성가들은 행성들이 지니고 있는 힘을 최대한 활용하여 시간의 때를 지배하려 했다.

칼데아 점성시

칼데아(Chaldea)⁶² 점성시(占星時)를 찾을 때는 행성의 순서를 중시한다. 칼데아 순서는 다음과 같다.

토성(♄)→목성(♃)→화성(♂)→태양(☉)→금성(♀)→수성(☿)→ 달(☾) 순으로 바깥 행성부터 시작된다.

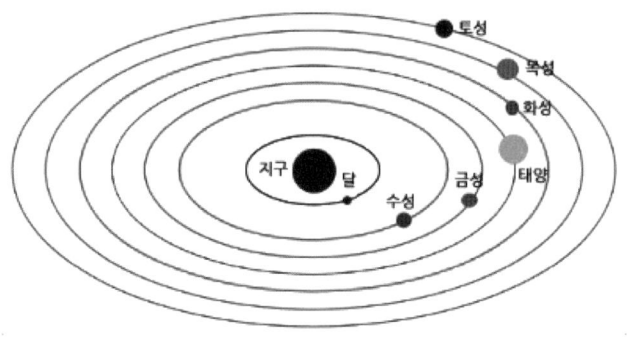

고대 점성학에서 행성을 배열하는 순서는 지구중심이기 때문에 지구로부터 시작하여 달→수성→금성→태양(원래 지구자리)→화성→목성→토성 순으로 배치되며, 칼데아 순서는 이 반대 순서인 토성→목성→화성→태양(원래 지구자리)→금성→수성→달 순이다.

각각의 요일은 각 행성이 지배한다. 월요일은 달(☾), 화요일은 화성(♂), 수요일은 수성(☿), 목요일은 목성(♃), 금요일은 금성(♀), 토요일은 토성(♄), 일요일은 태양(☉)이다.

---

62 고대 수메르 지역이며, 우르 근처의 바빌로니아 지방의 그리스식 표기이다. 칼데아 우르로 알려져 있다. 칼데아는 함무라비 시절 바빌로니아의 식민지가 되었다.

점성시를 구하는 예를 알아보자.

하루는 24시간이다. 낮에 배정된 시간은 12시간, 밤에 배정된 시간은 12시간이지만, 실제 낮과 밤의 시간은 차이가 난다. 여름엔 낮이 길고 겨울엔 밤이 길다. 따라서 일출과 일몰 시간을 먼저 알아내야 한다. 아래 그림의 예로 알아보자.

날 짜	2012년 2월 28일
지 역	서울특별시
위 치	동경 126도 58분 1초 / 북위 37도 32분 59초

해뜨는시각(일출)	07시 06분 13초
한낮의시각(남중)	12시 44분 50초
해지는시각(일몰)	18시 23분 27초
낮의 길이	11시간 17분 13초

http://www.kasi.re.kr/ 천문연구원 사이트에 들어가면 일·출몰 시간을 정확히 알 수 있다.

낮의 길이를 보니 11시간 17분 13초이다. 춘분이 아니기 때문에 밤낮의 길이가 차이 나는 것이며, 아직 낮의 길이가 12시간을 넘지 않는다. 낮의 길이 11시간 17분을 반으로 나누어서 일출 시간과 더하면 남중(南中) 시간이 나온다. 남중 시간은 12시 44분으로 나와 있다.

낮의 길이를 12등분한다. 일출 시간부터 1점성시, 2점성시, 3점성시가 된다.

예시한 날은 2월 28일 화요일이다. 그렇다면 1점성시는 화성부터 시작되는데, 여기에서 중요한 것은 행성의 순서다. 행성의 순서는 칼데아 순서를 따른다. 칼데아 점성시는 고대 수메르에서 기원한 방식이다.

위에서 먼저 설명했듯이 칼데아 순서는 토성→목성→화성→태양→금성→수성→달 순으로 이어진다. 따라서 위의 요일은 화요일이므로 일출 시간 화성부터 시작하여 화성→태양→금성→수성→달→토성→목성→화성→태양→금성→수성→달 순으로 이어진다.

따라서 점성시의 순서는 다음과 같다. 1점성시-화성, 2점성시-태양, 3점성시-금성, 4점성시-수성, 5점성시-달, 6점성시-토성 이렇게 연속으로 배치시키고, 다음은 시간을 분배한다.

낮의 길이(약 11시간 17분 13초)를 반으로 나눈 뒤 6등분한다. 시간은 60진법이다. 낮 길이의 반은 약 5시간 39분이 나온다. 다시 6등분을 하면 1시간은 60분이므로, 300분(5시간) + 39분 = 339분 ÷ 6 = 56.5분

따라서 1점성시당, 분은 56.5분이 된다. 일출 시간에 약 57분씩 더하면 아래와 같다.

일출 시간	1점성시	2점성시	3점성시	4점성시	5점성시	6점성시
07:06	08:03	09:00	09:57	10:54	11:51	12:46
	화성	태양	금성	수성	달	토성

2012년 2월 28일 기준으로 함.

07:06분부터 08:03분까지는 화성이 시간의 로드가 되고, 08:03분부터 09:00시까지는 태양이 시간의 로드가 된다. 이런 식으로 시간의 로드를 구하고, 다음날은 수요일이 되니 수성부터 시작하면 된다.

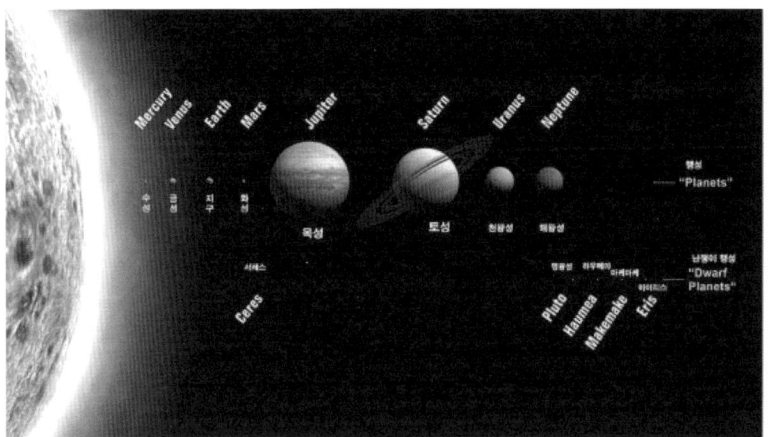

고대에는 한 시간에 1점성시를 배분했는데, 실제 낮과 밤의 길이가 다르므로 차이를 두어야 한다. 춘분과 추분을 제외하고는 낮과 밤의 길이가 다르기 때문이다.

예를 들어, 현재 타임로드가 수성이라면, 수성의 시간에는 명민함과 민첩함 그리고 명석한 두뇌를 활용하는 일을 하면 더욱 좋을 것이며, 수성의 시간 다음에 오는 달의 시간이 되면 감정적 선택이나 감각적으로 움직이는 흐름이 발생할 것이다. 그다음에 오는 토성의 시간에는 기다리고 인내하며 자신을 다스리는 시간을 가지면 좋고, 목성의 시간에는 일을 펼치고 관대한 마음으로 나아가면 될 것이다. 또한 화성의 시간에는 용기를 가지고 아이디어를 발휘하며, 금성의 시간에는 자신을 가꾸고 돌보는 시간을 가지면 좋다. 마지막으로 태양의 시간에는 명확하고 분명하게 일을 처리하면 좋다.

점성시는 어떤 일을 정교하게 진행하고자 할 때 필요한 기법이다. 시간의 에너지 특성을 활용하여 일을 하면 그 힘이 배가되기 때문에 시간의 탤리즈먼을 사용하는 것이다. 만약 사업장을 연다고 했을 때, 사업하는 사람들에게는 목성의 힘이 도움이 되기 때문에 목성의 시간에 맞추어 사업장을 오픈한다면 조금이나마 시간이 지배하는 힘의 도움을 받을 수 있을 것이다.

03 별자리와 상승궁(태양과 달, 혼과 백)

"너는 무슨 별자리니?"
"음…… 난 물고기자리야."
"그럼 넌 무슨 자리야?"
"난 양자리."
"양자리라면 진취적이고 활동적이겠다."
"그럼 넌 물고기자리니까 박애주의자겠다."

위와 같이 이야기하는 별자리는 자신이 태어난 날의 태양이 황도대의 어느 궁에 위치하는지를 살펴보는 것이다. 즉, 태양의 위치를 찾아서 태양이 위치한 궁의 성격을 살펴보는 것이다. 각 궁은 춘분점을 기준으로 시작된다.(아래의 표를 참조할 것.)

태양의 위치를 찾으면 달과 기타행성의 위치를 찾을 수 있다.(생일이 양력으로 4월 1일이면 태양은 양자리에 위치한다.)

태양만으로 운을 살피는 점성술이 바로 태양 점성술이다. 태양 점성술의 경우는 태양의 속성, 즉, 자아를 드러내는 방식을 나타낸다. 인간이란 여러 가지 속성을 가지고 있고, 여러 가지 상황이 존재하며 복합적으로 반응하기 때문에 태양 점성술만 가지고 인간을 평가하기에는 다소 부족한 부분이 있다.

태양 점성술에서 양자리인 사람이 대부분 진취적이고 활동적이라고 표현하지만, 만약 태양이 양자리에 위치하고 있다 하더라도 다른 행성들이 대부분 처녀자리 부근에 위치한다면, 양자리보다도 처녀자리 속성을 더 띠면서 차트 주인은 섬세하고 예민하며 신중한 스타일로 나타난다. 그래서 좀 더 정교하게 자신을 알고자 한다면 차트 전체를 살펴볼 필요가 있다.

태양만 가지고 자신을 규정짓는다는 것은 너무 단순한 기법이다. 인간은 태양빛도 받고, 달빛도 받고, 별빛도 받으면서 자란다. 하늘의 수많은 별들이 서로의 빛을 조율하여 우리의 인생을 세팅했기 때문에 여러 별들이 어떻게 상호작용하여 빛을 비추는가를 살펴보는 것이 바로 점성학이다.

♈ 양자리	3월 21일~4월 19일	춘분
♉ 황소자리	4월 20일~5월 20일	
♊ 쌍둥이자리	5월 21일~6월 21일	
♋ 게자리	6월 22일~7월 22일	하지
♌ 사자자리	7월 23일~8월 22일	
♍ 처녀자리	8월 23일~9월 23일	
♎ 천칭자리	9월 24일~10월 22일	추분
♏ 전갈자리	10월 23일~11월 22일	
♐ 사수자리	11월 23일~12월 24일	

♑ 염소자리	12월 25일~1월 19일	동지
♒ 물병자리	1월 20일~2월 18일	
♓ 물고기자리	2월 19일~3월 20일	

※ 날짜는 천문력에 따라 조금씩 달라진다.

태양이 어느 궁에 있느냐보다는 태양이 어느 하우스에 있느냐가 자신을 아는 데 더 중요한 지표가 된다. 점성학을 잘 모르는 일반인들에게 별자리는 낭만적인 느낌이 들겠지만, 점성학은 과학이자 예술이며 복합학문이다.

태양은 천궁도를 작성하는 기본 행성이다. 서양에서 태양력을 사용하는 것과 달리, 우리나라에서는 태음력을 주로 사용한다. 어른들께 생일을 물어보면 "4월 초하룻날 태어났다" 이런 식으로 달의 모습을 함께 이야기해준다.

초하루(그달의 첫째 날-삭朔), 초파일(그달의 여드렛날-상현달), 보름(그달의 열다섯째 날-망望) 등으로 달의 모양을 표현한다.

천궁도를 작성하는 데 태양과 달은 무척 중요하다. 태양은 혼(魂)이고 달은 백(魄)이기 때문이다. 혼은 아버지로부터 오고, 백은 어머니로부터 받는다. 혼은 정신이고, 백은 물질이다. 따라서 출생 차트에서 태양과 달이 손상을 많이 당한 채로 태어났다면, 부모의 빛을 제대로 받지 못해 다소 힘든 환경 속에서 자랐을 것이고, 인생 자체도 좀 드라마틱하다. 행성에 의해 손상을 많이 당한 사람일수록 팔자가 세고 극적인 인생을 산다. 반면에 태양과 달의 위계가 높고 길각을 맺고 있다면, 좋은 부모 밑에서 품행도 바르고 용모도 좋게 태어났을 것이다. 식물도 땅기운과 하늘기운을 적절히 받으면 건강하게 잘 자라듯, 인간도 하늘기운을 품은 아버지의 기운과 땅기운을 품은 어머니의 기운을 적절히 받으면 건강하게 잘 자라난다.

태양을 중심으로 한 일반적인 별자리에서는 태양이 어느 궁에 위치하느냐에 따라서 그 성격을 판단하는데, 본인의 품성 및 성격과 기질을 좌우하는 별은 태양보다는 1하우스에 위치한 별과 그 지배성을 함께 본다. 1하우스가 시작되는 궁을 상승궁이라고 한다. 상승궁의 위치는 정확한 생시 정보에 의해 달라진다. 따라서 정확한 출생 천궁도를 보려면 생시가 매우 중요하다. 생시를 통해서 하우스 위치가 결정되기 때문이다. 본인의 기본 성향과 품성을 알려면, 상승궁과 더불어 1하우스 로드(지배성)가 위치한 궁을 살피고, 1하우스에 위치하는 행성 그리고 그 행성들과 연결된 행성을 통해서 살펴볼 수 있다. 또한 본인의 생김새는 상승궁 및 상승궁과 연결된 행성, 1하우스 행성 등을 통해서 살펴볼 수 있다.

상승궁이 무슨 자리냐에 따라서 생김새가 달라진다. 예를 들어 염소자리 상승궁은 염소와 비슷한 분위기를 풍긴다. 얼굴빛도 약간 검은 편인데, 염소자리 초반은 검은빛의 얼굴을 띠고 있고, 염소자리 후반은 물병자리의 영향을 받아 약간 희어진다.

12궁 중에서 가장 인물이 좋은 궁은 천칭자리이다. 천칭자리가 균형의 의미를 가지고 있기 때문에 천칭자리 상승궁인 사람들이 균형이 잘 잡힌 인물들이 많다. 인간은 비율과 균형만 잘 맞아도 아름답게 보이는 법이다. 대체로 상승궁이 풍상궁(쌍둥이자리, 천칭자리, 물병자리)에 위치한 사람들이 얼굴이 희고 인물이 좋은 편이다.

　생김새는 상승궁이 좌우하기 때문에 태양이 속한 궁은 생김새를 반영하지는 않는다. 다만, 태양이 1하우스 상승궁 근처에 있다면 밝고 명랑한 느낌을 준다.

04 탄생의 시간

출생시와 영혼 입식

　출생시(出生時)를 잡는 방법은 여러 가지가 있다. 첫 번째는 엄마의 몸으로부터 완전히 빠져나왔을 때, 두 번째는 처음 자가 호흡을 했을 때, 세 번째는 탯줄을 끊었을 때이다. 우리나라 민법에 언급된 출생시를 살펴보면, 태아가 살아서 모체로부터 완전히 분리되는 때(완전노출)를 출생시로 잡는다. 의료계에서는 독립 호흡을 했을 때를 출생시로 잡는다. 출생이라는 말은 완전히 밖으로 나와서 생명을 유지하는 상태를 말한다.

　대체로 출생시는 처음 울음을 터뜨리거나 탯줄을 끊는 시간을 출생시로 잡기도 한다. 탯줄을 끊는다는 것은 엄마와 연결된 줄을 끊고 이 세상에 첫발을 들여놓는다는 뜻이기도 하다. 엄마의 태와 연결되어 있다가 그 연결을 끊고 스스로 독립하는 시간이기도 하다. 우리가 자란다는 것은 스스로 독립을 해나가는 것을 뜻한다.

　영적으로 보자면, 영혼이 입식(入息)하는 순간이 출생하는 순간이기도 하다. 여자와 남자가 만나 결합을 하고, 여자의 난자에 남자의 씨앗이 안착되었을 때는 아직 동물 단계이다. 동물 단계에서 점점 인간의 형태가 잡혀가게 되면서 2~3개월째 들어설 때 태몽이 들어온다. 태몽이 들어온다는 것은 부부의 에너지 권에 아이의 영혼이 접속되었음을 알려주는 지표이다. 정확하게 구분하자면, 3개월째 아기 영혼이 부부의 에너지 권에 접속을 시도한다. 엄마 뱃속에서 아기 형태가 점점 자랄수록 아기 몸을 받을 영혼은 엄마 주위로 가까이 다가오고, 엄마 주위에 맴돌고 있다. 태아 때 뱃속의 아기에게 책을 읽어주고 대화를 하는 것은 엄마 주변에 머물고 있는 아기 영혼과 의사소통하는 것이다.

드디어 10개월이 지나 육체의 형체가 완성되게 되면, 아기는 엄마의 태(胎)를 통해 세상으로 나오게 된다. 즉, 엄마의 백(魄)을 빌려 세상에 탄생하게 되는 것이다.

그래서 혼(魂)은 아버지로부터 오고, 백(魄)은 어머니로부터 온다. 어머니 뱃속에서 나와 첫 호흡을 할 때 아기의 영혼은 육체 속으로 빨려 들어가게 되고, 아기는 탄생의 첫울음을 터뜨린다. 영혼이 아이의 몸에 입식되는 순간이다. 즉, 혼과 백이 결합되는 시간이며, 기다리고 있던 아기의 혼과 엄마의 태에서 만들어진 백이 만나는 순간이다. 육체에 영혼이 입식되었다는 것은 인간이 되었음을 뜻한다.

탄생하면서 첫울음을 터뜨릴 때 영혼은 갑작스럽게 아기 몸에 입식이 된다. 첫 호흡을 들이마시면서 아기의 영혼은 육체 속으로 빨려 들어가게 된다. 이때가 바로 '출생시'가 되는 것이다. 즉, 영혼이 입식되는 순간이 인간으로서의 첫 출생이 되는 것이다. 육체에 영혼의 입식이 되었다는 것은 인간이 되었음을 의미한다.

서양과 동양의 나이 차이

 서양과 동양은 나이를 세는 데 있어서 차이가 난다. 동양의 경우, 태어나자마자 한 살을 먹고 태어나지만, 서양은 태어난 이후부터 시간을 세어나간다. 즉, 동양은 잉태되었을 때부터 시간이 흘러가지만, 서양은 눈에 보이는 순간부터 시간이 흘러간다.

 서양은 결과 중심적 사고방식이기 때문에 아기가 태어난 순간부터 시간이 흐른다고 생각하고, 동양은 눈으로 보이지 않지만 엄마 뱃속부터 생명의 흐름이 감지되기 때문에 한 살을 먹고 들어가는 것이다.

 동양과 서양의 나이 차이에서 서양은 만 나이로 계산하기 때문에 생월에 따라서 나이가 천차만별이지만, 우리나라는 같은 연도에 태어난 사람들은 모두 같은 나이로 통한다. 1월에 태어난 사람과 12월에 태어난 사람 모두 같은 나이로 계산한다. 12월 31일 날 태어난 사람은 태어나자마자 두 살을 먹고 들어간다. 우리나라의 경우 공동체 의식이 강하고 나이별 서열이 있기 때문에 이러한 기준이 생긴 것으로 보인다.

05 탄생시 보정

요즘은 탄생이 병원에서 이뤄지기 때문에 병원에서 정확한 탄생시를 알려준다. 그러나 과거만 해도 집에서 아기를 낳는 경우가 많았고, 그래서 태어난 시를 두 시간 간격으로 구분한 사주시(四柱時)[63]로 알고 있는 사람이 꽤 많다. 사주시로 알고 있는 사람도 정확한 탄생시를 알아야만 정확한 천궁도 배치를 알 수 있다. 그래서 이럴 경우 시간 보정이 필요하다. 두 시간 간격의 탄생시는 프로펙션 상에서 6개월~1년의 오차를 가져올 수 있기 때문에 정확한 시간을 보정할 필요가 있다. 예를 들어, 돈이 들어오는 시기나 취직의 시기를 살펴볼 때 약 1년의 오차를 만들 수 있다는 뜻이다.

생김새로 시간 보정하기

천궁도를 작성하려면 태어난 시를 알아야 전체 하우스 배치도를 알 수 있으므로 태어난 시를 반드시 알아야 한다. 하우스 배치도를 알아

---

63 12간지의 시간으로 자, 축, 인, 묘, 진, 사, 오, 미, 신, 유, 술, 해로 시간을 구분했다. 참고로 자시는 밤 11시부터 1시 사이이다.

야 본인의 카르마도 유추할 수 있다. 돈 에너지는 어떻게 다루는지, 어떤 직업을 갖는지, 어떤 일로 성공하는지, 외국 운이 있는지 등은 하우스 배치도를 통해서 알 수 있기 때문이다.

만약 태어난 시를 모를 경우, 태어난 시가 상승궁을 결정하므로 외모를 통해서 상승궁을 유추하는 방법을 사용할 수 있다. 먼저 대략적인 생김새를 보고 궁을 유추한다.

- 양자리(♈)는 이마 뼈가 발달하고 턱이 굳세며 눈빛이 강렬하다.
- 황소자리(♉)는 광대가 발달했고 얼굴이 약간 큰 편에 속한다.
- 쌍둥이자리(♊)는 눈, 코, 입이 오밀조밀한 편이며 목이 가늘고 영리하게 생겼다.
- 게자리(♋)는 얼굴이 둥글고 턱도 둥글다. 가슴이 두툼한 편이다.
- 사자자리(♌)는 이마가 넓고 노려보는 눈매를 가지고 있다. 사람에 따라서는 머리카락이 사자 갈기 비슷한 경우도 있다.
- 처녀자리(♍)는 얼굴이 길고 입매가 다부지며 예민하게 생겼다.
- 천칭자리(♎)는 볼이 편편하고 대체로 균형이 잡혀 있다.
- 전갈자리(♏)는 사각 턱의 얼굴에 강렬한 인상을 지니고 있다.
- 사수자리(♐)는 구릿빛 얼굴색에 여자는 호리호리한 편이며, 남자는 스포츠맨 같은 인상을 준다. 건강한 체형이다.
- 염소자리(♑)는 건조하고 메마른 느낌을 주는 인상이며, 어깨가 좁고 얼굴빛은 검은 편이다.
- 물병자리(♒)는 얼굴빛이 하얗고 보통 체형이며, 차가운 느낌이다.
- 물고기자리(♓)는 얼굴빛은 하얗거나 검거나 둘 중 하나로 나타난다. 물병자리에 가까우면 얼굴빛이 하얗고, 양자리에 가까우면 얼굴빛이 검다. 눈 밑이 검고 어깨가 약간 꾸부정하며 자세가 바르지 않은 편이다.

특정 사건으로 시간 보정하기

생김새로 비슷한 상승궁을 찾았으면, 정확한 탄생시를 잡기 위해서는 프로펙션(1년 단위)으로 특정 사건을 살펴본다. 특정 사건으로는 크게 아팠거나 다쳤던 해, 외국에 처음 나간 해, 시험이나 취직이 된 해, 결혼이나 출산한 해를 통해 시간을 보정할 수 있다. 자식의 탄생시를 알고 있고 엄마의 탄생시를 모른다면, 자식의 출생 차트를 통해서 엄마의 탄생시를 유추할 수 있다.

취직이나 특정 사건은 달이 맺는 각을 살펴서 판단한다. 달이 2하우스에 위치하면서 천정점과 길각을 이루는 때는 대체로 취직을 하거나 일거리가 생기는 경우가 많다. 또한 과거 돈이 들어온 시기를 보고 다음에 돈이 들어오는 시간을 유추할 수도 있다. 시간 보정은 고급 단계의 점성학이므로, 시간 보정과 관련된 내용들은 나중에 기회가 되면 다시 다룰 것이다.

서머타임으로 시간 보정하기

서머타임이란 일광을 절약하기 위해 낮 시간이 길어지는 여름철에 표준시보다 시계를 한 시간 앞당겨 놓는 제도이다.

우리나라의 경우, 서머타임이 적용된 해는 1987년과 1988년이다. 만약 1987년과 1988년에 태어난 사람 중에서 5월부터 10월생들은 서머타임이 걸리는 날일 경우 출생시를 한 시간 앞당겨 적용한다. 예를 들어, 1987년 7월 1일 아침 9시 출생이라고 적혀 있다면, 실제 출생시는

1987년 7월 1일 아침 8시가 되는 것이다. 서머타임이 적용되는 시기에 태어난 사람은 병원에서 서머타임이 적용된 시간을 알려주었을 것이기 때문에 반드시 시간 보정이 필요하다.

∨ 1987년 5월 10일 02시 ~ 10월 11일 03시
∨ 1988년 5월 08일 02시 ~ 10월 09일 03시

표준시로 시간 보정하기

우리나라는 과거에 표준시(+8:30)를 사용했으나, 지금은 동경시(+9:00)를 사용하고 있다. 1908년에는 표준시(+8:30)를 사용했다가 1910년부터 동경시(+9:00)를 사용했다. 이후 1949년부터 1961까지는 표준시(+8:30)를 사용했다가 다시 1961년부터 동경시(UTC+9)를 사용했다. 따라서 태어난 연도에 따라 30분가량의 시간차가 발생할 수 있다. 1961년 전에 탄생한 사람은 표준시가 적용되었을 것이고, 1961년 이후에 태어난 사람은 동경시가 적용되었을 것이다. 이러한 여러 가지 오차를 보완하기 위해서는 특정 사건을 통해 시간 보정을 해줄 필요가 있다. 출생시 30분은 운이 도래하는 시간의 간격을 1년가량 차이 나게 만들 수 있기 때문이다. 특히 30분가량의 시간차에 의해 상승궁이 바뀔 경우는 시간 보정을 더더욱 해주어야 한다.

06 죽음의 시간

사망시

지구에 태어날 때는 엄마 몸을 빌려 태어나지만, 지구를 떠날 때는 더 큰 지구 어머니 품속으로 들어간다. 봄, 여름, 가을, 겨울 사계절 속에 우리의 인생이 들어 있듯이, 죽음은 긴 동면을 하는 겨울에 해당된다. 태어나자마자 첫 호흡을 들이마시듯, 죽을 때는 마지막 숨을 내뱉는다. 그래서 숨을 쉰다는 것은 내가 현재 살아 있음을 뜻한다. 우리는 매 순간 숨을 들이마시고 내쉬며 서로의 기운을 공유하고 있다. 들이마실 때 외부의 기운이 들어오고, 숨을 내쉴 때 나의 에너지가 밖으로 나간다. 들어오고 나감이 순환되므로 이는 곧 살아 있음을 나타낸다. 사망한다는 것은 육체의 활동이 멈춘 상태가 되는 것이다. 더 이상 들어오고 나감이 없는 멈춤의 상태이다.

인간이 정한 사망시(死亡時)는 다음과 같다.
- 심장이 뛰는 것이 정지하면 사망으로 본다.
- 호흡이 정지하는 것을 사망으로 본다.
- 맥박이 뛰는 것이 정지하면 사망으로 본다.

위의 세 가지 사례 중에서 나는 호흡을 중요하게 생각한다. 인간이 태어나 첫 호흡을 하듯, 죽을 때는 마지막 호흡을 내뱉는다. 첫 호흡을 들이마실 때 영혼이 입식되고, 마지막 호흡을 내뱉을 때 영혼이 빠져나간다. 따라서 출생시는 첫 호흡을 들이마실 때가 되고, 사망시는 마지막 호흡을 내뱉을 때가 된다.

죽는 방법(발산형과 수축형)

태어날 때는 비슷한 방법으로 태어났다 하더라도 죽을 때는 여러 가지 방법들이 있다. 인간은 태어나는 것보다 죽을 때가 더 중요하다. 육체적 기능이 다하면서 죽는 사람도 있고, 병으로 죽는 사람도 있으며, 어떤 사람은 스스로 생을 마감하기도 하고, 또 각종 사고로 죽는 사람도 있다.

지구로 들어올 때는 엄마의 몸을 타고 내려오지만 지구를 떠날 때는 여러 가지 방법들이 있다. 물론 인간이 늙으면서 육체적 기능이 다해서 병환을 치르다가 죽는 방법 외에, 외부에서 들어오는 충격파에 의해 죽는 경우도 있다. 요즘은 교통사고로 죽는 사람이 많지만 과거에는 전쟁과 기아로 죽는 경우가 많았다. 죽는 방법도 불, 물, 공기, 흙 네 가지 원소와 관련된 것들로 나눌 수 있다.

∨ **불 원소** 화재, 감전, 폭탄, 교통사고, 총, 검 등 전쟁이나 불 또는 금속성 도구로 인한 죽음.
∨ **물 원소** 익사, 홍수나 해일 등 물과 관련된 죽음.

∨ **공기 원소** 교수형, 질식사, 호흡곤란 등 호흡이 막혀서 죽는 죽음.
∨ **흙 원소** 산사태, 건물 붕괴로 인한 압사 등.

사람은 기운에 따라 크게 발산형과 수축형으로 나눌 수 있다. 발산형은 기운을 밖으로 발산하기 때문에 타인을 죽이고, 수축형은 안으로 기운을 치기 때문에 자신을 죽인다. 발산형은 외부 변수에 의해 죽을 가능성이 많고, 수축형은 병으로 죽을 가능성이 많다.

선인(先人)들의 말씀 중에 '자는 잠에 죽는 죽음'이 가장 행복한 죽음이라는 말이 있다. 그래서 우리 조상들은 고종명(考終命), 즉 제명(命)대로 살다가 편안하게 죽는 것을 최고의 복(福) 중 하나로 생각했다.

차트에서 죽음은 8하우스가 다스린다. 8하우스는 죽음과 부활의 하우스로, 8하우스에서 육체적 변성 및 정신적 변성 과정이 일어난다. 죽음의 시간을 예측할 때는 1하우스 로드, 8하우스 로드, 루미너리(태양, 달)가 어디에 위치하는지 살피고, 흉성인 화성과 토성이 어떻게 각을 맺고 있는지를 살핀다. 또한 죽음과 관련이 있는 항성의 위치를 살펴 예측할 수 있다.

행성적 죽음

행성마다 죽음의 상황을 이끌어내는 방법은 다르다. 각각의 행성들이 어떤 방법으로 죽음의 형태를 이끌어 가는지를 살펴보자.

• 화성

　화성은 자존심이 매우 강하다. 피해의식이 생기면 안으로 삼키기 보다는 밖으로 표출하기 때문에 상대방이 자신을 무시하거나 하면 바로 폭발하는 경향이 크다. 마치 화약고가 터지듯 감정이 폭발한다. 화성의 감정이 폭발할 때 상대방을 향해 기운을 발산하기 때문에 외부적 충돌이 발생하거나 사건 사고에 휘말리기 쉽다. 그래서 화성적 죽음에는 불, 칼, 총에 의한 죽음이나 교통사고 등이 이에 해당된다. 날카로운 금속성과 불기운은 화성과 관련이 깊다.

　수술이라는 형태는 화성적 기운이 발현되는 것이다. 병이 오는 사람의 경우 에너지를 돌리지 못하거나 밖으로 감정을 표출하지 못해 안에서 꼬이고 탈이 난 상태이기 때문에, 이때는 외부에 의한 충격파를 줄 필요가 있다. 그래야 오래된 관성(慣性)의 기운이 변하기 때문이다. 그래서 수술이라는 방법은 검 기운을 이용한 극단적 치료에 해당되는 것이다. 특히 고집이 센 토성의 경우, 극단적인 화성적 처방이 먹히는 경우가 많다.

　차트에서 화성이 상승궁과 만나거나 상승궁과 흉각을 이루고 있을 때 사건 사고가 발생하거나 몸에 상처가 날 수 있다. 그 기운이 약할 때는 음식을 하다가 칼에 베이는 정도에 그치기도 한다.

• 토성

　토성은 비관적이고 우울, 슬픔과 관련이 있다. 그래서 토성적 죽음은 주로 병이나 자살에 해당된다. 감정을 밖으로 배출하지 못하기 때문에 스스로 피해자가 되거나 자신을 괴롭힌다. 또한 토성은 고집이 매우 세기 때문에 병이 들어올 수 있다. 병은 몸에 칼을 대개 만드는데, 이때 불기운인 검이 들어오면서 토성의 기운을 다스리는 것이다. 강한 불기운은 토성의 고집을 꺾고 토성의 기운을 해체시킬 수 있다. 극과 극이 통하듯, 독으로 병을 치료하듯, 자신의 에너지 파장대의 반대 파장으로 치유를 하는 것이다.

• **금성**

그렇다면 금성적 죽음은 어떤 죽음일까? 금성은 길성이기 때문에 딱히 죽음을 불러일으키지는 않지만, 다른 행성과 연관되어 죽음을 불러올 수 있다.

금성은 미와 쾌락의 행성이다. 각종 환각, 마취, 알코올 등은 해왕성과도 관련이 깊기 때문에 이러한 죽음은 금성과 해왕성이 결합된 죽음의 방법이기도 하다. 금성적 죽음은 성의 남용, 미용이나 성형 부작용, 질투나 애증과 관련된 죽음을 유발한다.

금성과 화성이 결합되면 수술 및 요리와 관련이 있다. 의사 중에는 금성과 화성이 결합된 사람들이 꽤 많다. 또한 요리사들도 금성과 화성이 결합된 사람들이 많은데, 의사는 화성적 성향이 더 강하고, 요리사는 금성적 성향이 강하다. 공통점이라면 의사와 요리사는 둘 다 불기운이며, 검을 다룬다는 것이다.

• **목성**

목성도 금성과 마찬가지로 길성이기 때문에 목성적 죽음 또한 다른 행성과 결합되면서 발생한다. 목성의 성질은 이상과 꿈, 확장과 비전이다. 목성은 신실하고 종교자적 성향이 강하기 때문에 토성과 결합되면 수도사를 하기 쉽고, 죽는 방법으로는 순교, 종교적 죽음이 해당된다. 목성이 수성과 안 좋게 연결되면 다단계, 사기 등과 연루되기 쉬우나, 명예는 떨어질망정 잘 죽지는 않는다.

• 달

달은 감정과 관련이 깊다. 그래서 감정에 치우치면서 발생하는 사건과 관련이 깊으며 물과 관련된 죽음은 달과 관련이 있다. 달과 화성이 연결되는 경우, 정육업자 등에서 볼 수 있는 포지션이 나온다. 급진적인 불기운의 화성이 감정적인 달과 만나면 각종 사고 및 폭동이나 전쟁이 발발하기 쉽고, 복수나 원한 혹은 치정 관계에 얽히기 쉽다. 달이 토성과 만나면 비관적이고 우울증에 빠지기 쉽다. 또한 강한 피해의식을 느끼기 쉽다.

• 태양

태양은 원래 생명력이기 때문에 죽음과 연결시키지는 않지만, 태양적 죽음은 다른 행성과 연결되어 나타난다. 태양은 명예를 중시하기 때문에 명예가 손상되었을 때 자살 등으로 나타날 수 있다.

• 수성

수성은 다른 행성에 비해 그 힘이 미약하기 때문에 특별히 죽음과 연결되지는 않지만 정신병이나 정신질환 등과 관련이 깊다.

생살여탈권

• 의사

의사가 천직인 사람들은 의사 특유의 천궁도 배치가 있다. 의사들은 생살여탈권(生殺與奪權)을 쥔 직업 중 하나인데, 생살여탈권을 쥐고 있는 직업으로는 의사, 판사 등이 있다. 그 외에 군인 등도 생살여탈권을 가진 직업이다.

천궁도상으로 살펴보면, 의사는 화성이 발달되어야 하고, 판사는 목성이 발달되어야 한다. 즉, 의사는 화성의 생살여탈권이고, 판사는 목성의 생살여탈권이다.

의사는 죽음의 시간을 조절한다. 즉, 생과 사의 경계선에 있는 저승사자와 아주 친한 사람이 의사이다. 의사는 화성의 기운을 금성으로 세련되게 다스려야 한다. 화성의 기운이 필요한 곳은 여러 곳이 있겠지만, 대표적인 화성 기운이 필요한 사람은 군인, 정치인, 의사이다. 군인은 양자리 화성의 특징을 가지고 있기 때문에 화성의 발산형이다. 정치인은 염소자리 화성의 특징을 가지고 있어서 권력적이다. 의사는 전갈자리 화성의 특징을 가지고 있어서 안으로 파고드는 내파형이다. 의사와 마찬가지로 운동선수들도 화성의 기운이 발달했다. 야구의 경우, 전갈자리 화성처럼 기운을 모아 폭발하는 힘을 활용한다. 그런데 의사의 경우 화성을 조절하는 금성이 필요하다. 금성이 있어야 칼 같은 화성 기운을 섬세하고 민감하게 다룰 수 있다.

생살여탈권은 삶과 죽음을 관장하는 권리이다. 골든타임(golden time)의 뜻은 중증환자의 생사를 결정하는 한 시간을 골든타임이라고 한다. 즉, 생살여탈권을 쥔 한 시간이 바로 골든타임이다. 황금의 시간대인 골든타임에는 사람을 살릴 수도 있고, 사람을 죽일 수도 있다. 의사는 순간의 판단과 선택을 하게 된다. 순간의 판단과 선택으로 사람은 살기도 하고 죽기도 한다. 살 사람은 어떻게든 살겠지만, 죽는 사람의 경우 죽는 시간을 조절한다. 죽음의 시간을 관장하는 사람이 바로 의사이다. 그래서 그들은 생살여탈권을 쥔 이승사자이다.

- 판사

판사도 생살여탈권을 쥐고 있는 직업 중 하나이다. 판사의 선고에 의해 사람이 죽고 사는 것이 결정되기 때문이다. 그런데 점성학적으로 판사라는 직업을 연구해보니 특정 패턴이 보였다. 판사는 반드시 목성을 끼고 있어야 한다. 대법관을 지낸 판사들은 대부분 목성이 발달되어 있었다. 목성의 관대함과 목성의 정직함, 목성의 공정함과 목성의 권위의식까지 두루두루 갖추면 더없이 좋다.

판사들의 천궁도 차트를 대략 돌려 보니, 대법관들 중 몇몇은 비슷한 유형의 전형적인 판사 구조를 가지고 있었다. 또한 판사들은 머리가 상당히 좋은 구조를 가지고 있는데, 판사의 천궁도 구조는 세 가지로 나눌 수 있다.

1. 진짜 타고난 판사.(정직과 공정은 기본이다.)
2. 전략을 잘 짜고 인맥을 잘 활용하여 판사가 된 경우.
3. 머리가 좋아 판사가 된 경우.

젊은 판사의 경우, 머리가 좋아 판사가 된 3번의 경우가 많았다. 머리 좋은 판사의 경우, 기존의 관습이나 판례 중심으로 판결을 한다. 그리고 감과 촉이 발달된 구조의 판사도 있었는데, 이런 부류는 판사보다는 검사가 잘 어울리는 경우이다. 즉, 특유의 직감이나 통찰력을 활용하는 사람이다.

연결된 행성 배치도를 보면 의사의 경우 금성–천왕성의 패턴이 많은 반면, 판사와 검사는 목성–천왕성의 패턴을 가지고 있었다. 전형적인 판사 구조인 수성–목성 길각의 경우, 품성이 정직하고 관대한 반면에 목성–천왕성 회합의 구조는 특유의 집요함을 가지고 있다. 이런 구조는 검사에게도 많이 보이는 구조이다.

판사에게 요구되는 덕목은 정직과 공정함이다. 정직과 공정함은 목성의 영역이다. 그런데 천왕성이 개입된 판사는 정치권에 개입하려 하거나 쇼맨십을 보이려 하는 측면이 보인다. 진짜 판사는 정치에 개입되어서도 안 되고, 정에 약해서도 안 되고, 좌뇌와 우뇌가 조화로워야 한다.

판사는 달 영역과 수성 영역이 조화로워야 한다. 달이 발달하면 정에 움직이고, 수성만 발달하면 매몰차다. 따라서 달과 수성이 적절히 조화된 정직과 공정함을 갖춘 자만이 생살여탈권을 쥘 수가 있다.

타이타닉, 저승으로 가는 배

미국의 물리학자 도널드 올슨(Donald Olson)은 타이타닉호 침몰 당시는 1,400년 만에 달과 지구가 가장 가까운 때였으며, 태양과 달이 일직선상에 놓이면서 중력의 힘이 강해지고, 조수 간만의 차가 최대로 증폭되는 현상이 나타났다고 했다. 이에 빙하가 대서양까지 떠내려와 타이타닉(Titanic)호와 충돌한 것이라고 주장했다. 슈퍼문이 뜨면 달의 인력은 평소보다 약 15퍼센트가량 올라간다. 자연현상이 평상시와는 다른 양상을 띠는 슈퍼문이나 블러드문은 재앙의 전조로 여겨졌다. 슈퍼문 관련 이야기들은 여러 가지가 있었다. 그중 하나가 2011년 3월11일에 일어난 일본의 쓰나미이다. 일주일 뒤쯤인 3월 20일은 달과 지구가 가장 가까워지는 슈퍼문이었다고 한다.

달과 지구는 하나의 에너지 권으로 묶여 있으며, 달은 인간의 감정과 심리 상태에 많은 영향을 끼친다. 지구의 조수간만의 차를 일으키는 달이 지구와 가장 가까워질 때, 사람들은 감정의 기복이 심해지고 변덕이 심해지며 자신의 마음을 자기도 잘 모르겠지만 뭔가 이상한 느낌을 받기도 한다.

타이타닉호는 지금으로부터 100년 전, 1912년 4월 14일 영국 사우샘프턴(Southampton)에서 출발한 호화 유람선이 미국의 뉴욕시로 처녀항해하는 도중, 북대서양 뉴펀들랜드(Newfoundland) 근처에서 원인 모를 빙하와 부딪쳐 바닷속으로 가라앉았다. 이 사고로 1,500명가량의 인명이 손실되었다.

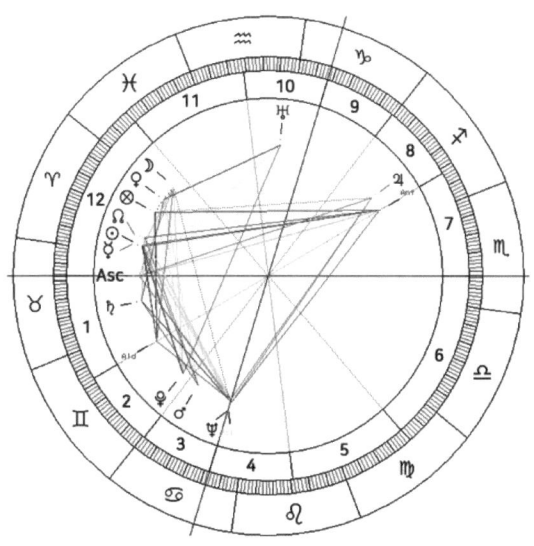

1912. 4. 14. Sun, pm 11:40(ST -3:00 GMT)
50.14E, 41.26N
북대서양 뉴펀들랜드 근처에서 빙하와 부딪친 시간.

　타이타닉호가 침몰한 시점의 천궁도를 살펴보니, 어둠의 그림자가 짙게 드리워진 별자리 배치가 펼쳐졌다.
　12하우스는 감금되거나 숨겨지는 방이고, 8하우스는 죽음을 관장하는 방이다. 12하우스(감금의 방)에 달, 금성, 태양, 수성, 용두까지 여러 개의 행성들이 들어가 있다. 흉한 하우스에 해당되는 12하우스와 6하우스 안에 양자리와 천칭자리가 갇힌 궁이 되어 있다. 또한 1하우스부터 6하우스까지 지평선 아래 하우스의 로드들이 하나같이 모두 12하우스 안에 갇혀 있다.

1하우스 로드 ♀ (금성) → 12하우스에 위치
2하우스 로드 ☿ (수성) → 12하우스에 위치
3하우스 로드 ☾ (달) → 12하우스에 위치
4하우스 로드 ☾ (달) → 12하우스에 위치
5하우스 로드 ☉ (태양) → 12하우스에 위치
6하우스 로드 ☿ (수성) → 12하우스에 위치

원조를 해주어야 할 목성(♃)은 8하우스(죽음을 관장하는 방)에 빠져 있고, 또 8하우스 로드는 자기 자신인 목성이며, 룰러십을 얻어 위계까지 강하다. 즉, 목성이 다른 행성들에게 빛을 전달하는 것이 아니라 어둠의 방으로 빛을 끌어당기고 있었다.

위계가 강한 목성이 빛을 내주어 원조하지 않고 그대로 8하우스에 들어앉아 다른 하우스의 빛을 블랙홀처럼 끌어당기고 있는데, 거기에 8하우스 시작점이 안타레스(Antares)와 만나고 있어 그 힘이 더욱 세졌다는 이야기다. 저승문은 안타레스가 되고, 목성은 저승사자가 되어, 12번 배에 탑승한 행성들을 저승으로 데려가고 있었다.

지평선 아래 하우스를 관장하는 별들이 모두 12하우스에 갇혔으니, 자기 자신의 명성도 재물도 부모·형제자매·자식도 직장도 모두 12하우스 저승으로 가는 배에 탑승했다. 이것은 마치 피리 부는 사나이가 아이들을 홀려 절벽으로 데리고 가는 것과 비슷하다.

한편 12하우스 안에 감금되어있는 행성들을 3하우스와 4하우스 경계 사이의 해왕성(♆)이 강하게 끌어당기고 있다. 해왕성 근처에 게자리 폴룩스(Pollux)가 만나 강한 인력으로 끌어당기고 있다. 4하우스(안식의 방)로 빛이 들어감은 영혼이 집으로 되돌아가는 형국이다.

목성이 저승사자라면, 해왕성은 물귀신이다. 해왕성(♆)은 게자리(♋) 수상궁에 위치하고, 달(☽)도 물고기자리(♓) 수상궁에 위치하여, 물기운이 강하게 끌어당기고 있었다. 다행히 7하우스 로드가 3하우스에 위치해서 배우자를 비롯한 이웃들은 이들을 구하려 애를 쓰지만 서로 간에 의견이 분열된다. 흉성인 토성(♄), 화성(♂)은 1하우스와 3하우스에 위치하고, 길성은 흉한 하우스에 들어가 있어서 구조의 도움조차도 힘겨운 상황이다.

한편 9하우스 로드, 10하우스 로드, 11하우스 로드는 하나같이 1번방 토성이 주재하고 있다. 사회적 명성과 명예, 종교, 성공 등 이 모든 것이 자기 자신에게 집중되어 있고, 자기 자신은 12하우스에 감금되어 있다. 그렇게 감금된 12하우스의 로드는 죽음을 관장하는 8하우스로 들어간다.

사회적으로 성공한 사람(9하우스, 10하우스, 11하우스)이 주변 사람들(3하우스, 4하우스, 5하우스)과 그들의 재산(2하우스)과 하인(6하우스)을 모두 데리고 천국으로 가는 타이타닉호(12하우스)에 탑승했고, 감쪽같이 둔갑한 타이타닉호는 목성(8하우스)이라는 저승사자와 해왕성(4하우스)이라는 물귀신에게 붙잡혀 미국이라는 천국이 아니라 저세상(안타레스, 폴룩스)으로 간다.

간단히 설명하자면, 사회적 명성과 명예와 부를 이룬 사람들이 주변의 재물과 재산, 부모, 형제, 자식 등 모든 것을 다 데리고 저승으로 가는 배(타이타닉호)에 탑승했고, 이 배의 종착역은 죽음의 방이었다.

위의 천궁도는 사회적으로 부와 명예를 이룩한 사람들이 자신의 재산과 부모, 형제, 자매, 자식을 데리고 저승으로 가는 배에 탑승한 형국을 별자리에 그대로 보여주고 있다. 그래서 타이타닉호는 저승으로 가는 배가 되었다.

Chapter 7

점성학과 항성

01 베가와 폴라리스 – 북극성과 세차운동

지금의 북극성은 폴라리스(Polaris)다. 천구의 북쪽에 위치한다고 하여 북극성이라는 이름이 붙은 것이다. 북극성을 찾으려면 큰곰자리 북두칠성 국자 시작 부분 두 개의 별을 연결하면 작은곰자리에 반짝이는 별이 보인다. 그 별이 바로 폴라리스다.

현시대를 사는 우리들에게 북극성은 별자리 나침반이 되는 별이다. 붙박이별처럼 언제나 그 자리에서 반짝이고 있으니, 북극성만큼 지조 있는 별도 없는 것처럼 보인다. 그러나 북극성이 천구 북극에 좌정한 이유는 지구 자전축의 북쪽에 위치하기 때문에 그 자리에 멈춰서 있는 것처럼 보이는 것이다.

과학은 언제나 로맨스를 깨뜨려버리는 눈치 없는 현실주의자이다. 영원할 것처럼 보이는 북극성도 영원한 나침반은 못된다. 현재의 북극성은 작은곰자리 꼬리에 있는 알파(α)별[64] 폴라리스가 북극성이다. 기원전 3000년경에는 어두운 별 용자리 알파별 투반(Thuban)이 북극성이었

---

64 어느 한 별자리를 이루는 별들 중에서 가장 밝게 보이는 별을 지칭하는 말.

고, 1만 2000년경까지는 우리가 직녀성이라 부르는 베가(Vega)가 북극성이었다.

1만 2,000년 전은 마고문명, 무문명이 있던 시대로, 마고의 고향을 직녀성이라 부르는 것은 이 때문이다. 거문고자리 직녀성은 마고의 고향별이다. 또한 거문고자리는 라이라(Lyra)라고 부른다.

여름철에는 거문고자리 베가와 독수리자리 알타이르(Altair), 백조자리 데네브(Deneb)가 삼각형을 이룬다. 알타이르는 견우성[65]으로 알려지기도 했다. 마치 직녀(베가)와 견우(알타이르)의 만남을 까마귀·까치(데네브)가 연결해주는 것 같다고 해서 붙여진 전설이다.

AD 1만 3,727년에는 베가가 북극성이 된다. 거리도 24.7광년으로 가까워진다. 이렇게 북극성이 바뀌는 이유는 지구의 세차운동으로 지구의 자전축이 바뀌기 때문이다.

지구는 23.5도 기울어진 채 회전한다. 태양이 지나는 길 황도와 천구의 적도가 1년에 두 번 만나는데, 그때가 바로 춘분점과 추분점이다. 세차운동은 지구축이 조금씩 회전하는 운동(팽이 운동과 비슷)이다. 이 회전축이 기울어져 있기 때문에 춘분점도 조금씩 변한다. 1년에 50.3초만큼 이동한다. 대략 72년에 1도씩 움직이게 된다.

12황도대 양자리에서 황소자리까지 30도를 이동하는데 걸리는 시간

---

65 한국, 중국, 일본에서는 알타이르를 견우성으로 알고 있지만, 전설 속 별자리를 현대의 별자리에 대입하면 실제 견우성은 염소자리 베타(β) 별인 다비흐(Dabih)에 해당된다.

은 약 2,160년이고, 전체 원의 반 바퀴를 도는 데 12,960년, 360도 한 바퀴를 도는 데 대략 25,920년이 걸린다. 예를 들어, 지금으로부터 360년 전인 1652년의 별자리는 지금의 별자리와 5도가량 차이가 난다. 1652년에 베가는 염소자리 10도 28분에 위치했고, 2012년에는 염소자리 15도 30분의 위치에 베가가 있었다.

멀리 있는 별은 가까이 있는 별보다 그 영향력이 미비하다. 천궁도에서는 태양과 달이 가장 큰 영향을 미치듯, 멀리 있는 큰 흐름은 인간이 느끼기에는 아주 미세한 영향력이다. 행성의 움직임이 내일 당장 지구가 멸망할 것처럼 보인다 하더라도, 인간에게 중요한 건 지금 당장 먹고 살 일이 걱정인 것처럼, 가장 가까운 것이 가장 큰 영향을 미치는 법이다. 지구에 발을 붙이고 태어난 이상, 별자리보다도 지금 당장 가장 가까이에 있는 인연이 가장 큰 영향을 미치는 법이다.

02 별의 주종관계와 쌍성관계

태양은 수성, 금성, 지구, 화성, 목성, 토성, 천왕성, 해왕성, 명왕성의 행성들을 거느린 하나의 계(系)이다. 그래서 이를 태양계(太陽系)라고 부른다. 그리고 지구를 비롯한 여타 행성들은 또 자신만의 위성을 거느리고 있다. 물론 태양도 더 큰 계를 회전하고 있다.[66]

작은 에너지는 큰 에너지에 종속되게 되어 있다. 이러한 에너지 관계는 크거나 작거나 똑같다. 지구가 태양을 공전하는 것이나 전자가 원자를 도는 것이나 마찬가지이다. 인간도 마찬가지이다. 주종관계가 되든지 쌍성관계가 된다. 부모와 자식은 처음엔 주종관계로 형성되다가, 성장하면 떨어져 나가 또 다른 부부관계, 즉 쌍성관계를 맺는다.

달이 지구를 돌고, 지구가 태양을 도는 관계를 주종관계라고 한다. 그런데 천체 간에 주종관계의 회전만 있는 것이 아니라 쌍성관계의 천체들도 있다. 주종관계는 질량의 중심이 큰 행성 주위를 질량이 작은 행성이 도는 것을 말한다. 반면에 쌍성관계는 질량의 중심이 어느 한쪽

---

66 뉴에이지 채널러(Channeler)들은 태양계가 플레이아데스 알키오네(Alcyone)를 중심으로 회전한다고 말한다.

의 내부에 있는 것이 아니라 두 천체 중간의 우주 공간에 형성되어 있어 서로가 서로를 도는 관계가 형성된 것을 말한다.

예를 들면, 명왕성과 카론(Charon)의 관계를 쌍성관계라고 할 수 있다. 또한 두 행성의 주변을 더 작은 위성인 닉스와 히드라가 돌고 있다. 명왕성과 카론은 부부관계이고, 닉스와 히드라는 자식인 셈이다.

쌍성관계의 대표적인 예가 시리우스(Sirius)이다. 시리우스는 지구에서 보이는 가장 밝은 별이다. 가장 밝은 별이라고 해도 금성, 목성만큼 밝은 것은 아니지만 지구에서 그나마 가까운 천체이기도 하다. 시리우스는 그 자체로 태양의 25배나 밝은 별이다.

시리우스는 시리우스A와 시리우스B가 쌍성관계이다. 하나의 별처럼 보이지만 사실은 두 개의 별이다. 시리우스A가 더 밝은 별이고, 시리우스B는 일생을 마치고 잔해만 남아 있는 백색왜성(白色矮星)이다. 시리우스B는 원래 청색별이었다. 시리우스B를 시리우스A의 짝별이라 부른다.

시리우스를 가리켜 서양에서는 도그스타(Dogstar)라고 불렀고, 중국에서는 천랑성(天狼星), 즉 '하늘의 늑대'라고 불렀다. 한족은 북방 유목민족의 침입과 관련하여 재난을 불러오는 별이라 불렀다. 그런데 점성학에서 시리우스는 길성으로 간주한다. 명예와 재물을 선사하는 별로, 지금 같은 물질의 시대에 여러모로 도움을 선사해주기 때문이다.

만약 8하우스 죽음의 방에 시리우스가 위치하면 명예롭게 이름을 남기는 죽음이 될 것이다. 행성이 시리우스와 회합하거나 길각을 맺을 경우는 부와 명예를 선사하지만, 대립이나 흉각일 경우 물질적 야망을 쫓다가 위험한 결과를 초래할 수도 있다. 무엇이든 과한 것은 부족한 것만 못하다.

03 라그랑주 점의 역학 그리고 중력 0의 지점

달은 지구를 돌고, 지구는 태양을 돈다. 작은 행성은 더 큰 행성 주위를 타원형으로 도는데, 태양을 초점으로 행성이 타원궤도를 그리면서 공전하는 법칙을 케플러 법칙(Kepler's law)이라고 한다. 케플러 법칙은 태양과 지구, 지구와 달, 지구와 인공위성 간에도 해당되는 행성 간 운동법칙이다. 또한 인공위성의 손자 인공위성에도 해당되는 법칙이다.

케플러(Johannes Kepler, 1571~1630년)[67]가 살던 시절은 천문학과 점성학의 경계가 없던 시절로 케플러를 비롯한 많은 과학자들이 점성학자이자 천문학자로 알려졌다.

1500~1600년대는 프톨레마이오스의 천문학 서적들이 서양에서 영어로 많이 번역이 되던 시절로, 많은 과학자들이 프톨레마이오스가 체계화한 우주 법칙과 천문학 관련 자료들을 공부하기 시작했다.

유럽의 과학 발전의 토대는 이집트와 아랍에서 기원한다. 모든 천문학과 점성학은 프톨레마이오스 시대에 집대성되었다고 보아도 과언이 아닐 정도로, 그 시대에 집대성해놓은 자료들이 방대했다. 르네상스

---

67 독일의 수학자, 천문학자, 점성술사이자 17세기 천문학 혁명의 핵심 인물이다.

시대에 문예부흥이 일어나면서 많은 금서(禁書)들이 나오기 시작했고, 1500~1600년 사이에 많은 자료들이 세상에 나오게 되었다.

케플러 운동을 하는 두 천체가 있을 때, 그 주위에 중력이 0이 되는 지점이 있다. 중력이 0이 되는 지점은 다섯 개의 점으로 라그랑주점(Lagrangian point)이라 부른다. 즉, 행성과 행성이 공전할 때 형성되는 균형점으로, 이 지점은 중력이 0이 된다. 라그랑주 점은 1772년 조제프 루이 라그랑주(Joseph Louis Lagrange, 1736~1813년)[68]가 발견했다.

라그랑주 점이란 두 개의 질량이 큰 행성이 공통의 중심점을 가지며 원형 궤도를 움직일 때, 상대적으로 질량이 작은 제3의 물체가 질량이 큰 두 물체에 영향을 받지 않고 정지해 있을 수 있는 무중력의 장소가 다섯 군데가 존재한다는 것이다. 이러한 지점에 인공위성을 설치할 수 있다.

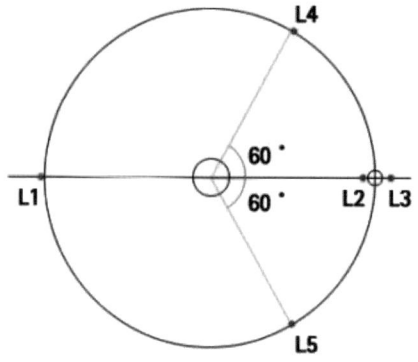

---

68 프랑스의 수학자이자 천문학자.

이 라그랑주 점에 대해 설명을 하자면, 라그랑주 점은 행성과 일직선이 되는 지점에 세 개(L1, L2, L3), 행성과 행성이 정삼각형을 이루는 지점에 두 개(L4, L5)가 생긴다. 즉, 행성 간 삼각 균형점이 발생한다는 것인데, 삼각형은 힘의 균형을 뜻하기도 한다. 세 개의 꼭짓점이 60도 각도로 정삼각형을 이룰 때, 힘의 균형 상태에 이른다.

이 라그랑주 점의 기본 설명이 될 수 있는 현상은 바로 태양과 목성이 60도 각도를 이루는 지점에 트로이 소행성군(Trojan group)이 형성된 곳이다. 트로이 소행성군이 형성된 이 지점이 바로 중력 0이 되는 지점의 라그랑주 지점이다.

소행성군은 화성과 목성 사이에 소행성대가 존재하고, 태양과 목성의 라그랑주 점에 트로이 소행성군이 있고, 해왕성 너머에 카이퍼 대에 소행성군이 있다. 화성과 목성 사이 소행성대에서 발견된 가장 큰 소행성이 바로 세레스이다. 이 세레스 외에 팔라스, 유노, 베스타 등이 있다.

라그랑주 점의 L4와 L5 지점은 삼각 균형점으로, 이 부분에 소행성군이 형성된 것을 보면 중력 0의 자리는 또 다른 인력을 형성하는 것으로 보인다. 중력 0의 지점은 태양과 목성 그리고 라그랑주 점의 삼각형 꼭짓점에 해당되며, 각 꼭짓점은 하나의 개체적 힘을 갖는다.

라그랑주 점과 같이 중력 0의 균형 상태는 인간관계의 법칙에도 그대로 적용된다. 질량이 큰 두 사람의 힘과 힘의 관계성 속에 이 두 힘보다는 비교적 작은 제3의 에너지가 들어오게 되면, 제3의 에너지가 어느 한쪽에 쏠리지 않는 일종의 힘의 균형이 생기는 지점이 있다. 즉, 두 사람의 힘의 크기가 막상막하일 때, 새로운 제3자가 들어오면 제3의 에너지로 들어온 자가 양쪽 힘의 균형을 맞추는 균형자가 된다.

양쪽에서 함부로 건드리지 못하는 힘의 균형자로, 힘의 균형자가 어느 쪽으로 쏠리느냐에 따라서 힘이 분산되기도 하고, 힘의 균형이 맞춰지기도 하는 것이다. 이러한 예는 독일과 프랑스 사이에 위치한 작은 나라 스위스가 라그랑주 힘의 역할을 맡는 것에서 찾아볼 수 있다. 그리고 인간관계성 속에서도 이 균형자적 역할을 맡는 사람이 있는데, 이러한 역할을 맡는 사람은 항상 이러한 상황 속에 들어가게 된다. 힘의 포지션 자체가 균형자이기 때문이다.

힘의 균형자는 한쪽으로 쏠리면 안 된다. 힘이 한쪽으로 실리는 순간, 삼각 트라이앵글은 깨져버리게 된다. 따라서 라그랑주 점의 균형자는 적절한 거리를 유지하고 적절한 힘을 가지고 있어야 삼각 균형을 만들 수 있다.

04 항성의 힘 – 하늘의 4대 보호자

　항성(fixed star, 恒星)은 스스로 빛을 내는 천체를 말한다. 대표적인 것으로 태양을 들 수 있다. 태양은 스스로 핵융합 반응을 해서 빛을 내기 때문에 항성에 해당된다. 항성은 우리은하에 약 1,000억 개 정도 있을 것이라고 추정하고 있다. 항성은 천구 상에서 움직이지 않고 우리 눈에 고정되게 보이기 때문에 '고정된 별', '붙박이별'이라는 뜻을 가지고 있다. 그렇다면 항성은 점성학에서 어떤 영향을 미칠까?

　항성의 힘은 크고 광범위하게 영향을 미친다. 우리 인간의 개인적 인생사는 가장 가까운 별이 가장 큰 영향을 미치고, 멀수록 개인적 힘은 약해지고 전체적인 영향력으로 나타난다. 멀리서 빛을 비추기 때문에 그 영역은 광범위하고 포괄적이며 다차원적이다.
　가까이 있는 빛은 나를 중심으로 비추기 때문에 나에게 직접적으로 영향을 끼치지만, 멀리 있는 빛은 나에게 간접적인 영향을 끼칠 뿐이다. 따라서 항성의 힘은 개인의 인생사나 카르마와 관련이 있다기보다는 지구적·국가적 흐름과 연관되어 있다. 물론 큰 흐름은 작은 흐름에 영향을 끼치기 때문에 영향력이 아예 없다고 할 수도 없다.
　마찬가지로 신적인 차원으로 비유해서 설명하자면, 가장 가까운 조상이 나에게 가장 큰 영향력을 미치고, 윗대 조상으로 갈수록 전체적이고 큰 흐름에서 영향력을 미친다. 가까운 조상일수록 사적인 집착이 세고, 먼 조상일수록 공적이고 전체적이다.

따라서 개개인의 성격이나 사건들을 살펴보려면 태양, 달, 수성, 금성, 화성, 목성, 토성 7행성으로 살펴보고, 시대나 세대적 사명을 알려면, 천왕성, 해왕성, 명왕성으로 살피고, 인류를 변화시킬 지도자나 영웅의 탄생 그리고 지구적·국가적 흐름은 항성을 살펴보면 된다.

항성 중에서도 거대한 항성들이 있다. 태양 크기의 수백 배에 해당되는 항성도 우리가 셀 수 없을 만큼의 수가 있다. 하지만 너무 멀리 떨어져 있기 때문에 우리의 눈에는 그저 크고 밝은 별 정도로 인식되고 있을 뿐이다.

다음은 하늘을 지키는 4대 보호자에 해당되는 항성을 살펴보자.

고대로부터 잘 알려진 하늘의 보호자별이 있다. 페르시아의 네 왕으로 불리는 이 별들은 알데바란(Aldebaran), 안타레스(Antares), 레굴루스(Regulus), 포말하우트(Fomalhaut)라는 네 항성이다. 네 항성은 각각 네 방향을 나타내고, 4대 천사에 상응한다.

옛 문헌을 보면, 알데바란은 동쪽을 다스리며 천사 미카엘(Michael)을 상징하고, 안타레스는 서쪽을 다스리며 천사 우리엘(Uriel)을 상징한다. 레굴루스는 북쪽을 다스리며 천사 라파엘(Raphael)을 상징하고, 포말하우트는 남쪽을 다스리며 천사 가브리엘(Gabriel)을 상징한다. 물론 지금은 세차운동 때문에 위치가 많이 바뀌었다.

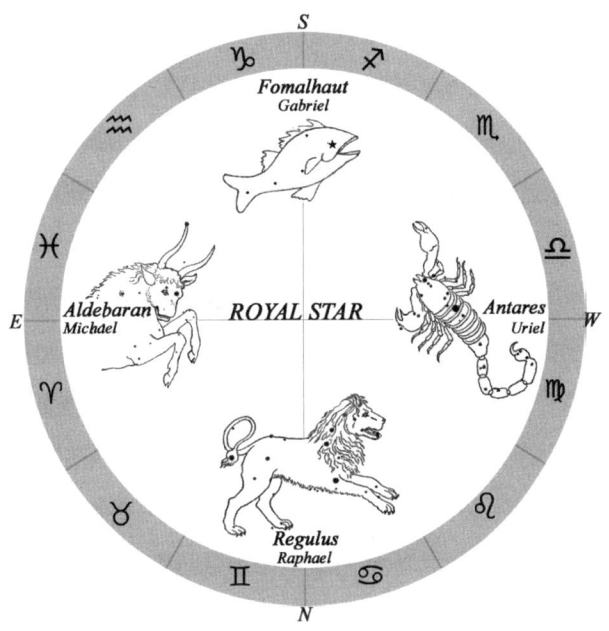

레굴루스를 예로 들자면, 기록에는 기원전 2345년에 레굴루스는 게자리에 위치했다. 게자리에 위치했을 때는 북쪽 지역을 다스리는 보호자였지만, 2012년을 기준으로 레굴루스는 처녀자리 시작점인 0도에 위치하기 때문에 현재는 서북 방향에 가깝다.

네 개의 로열 스타(royal star) 이외에 알려져 있는 기타 제왕성(帝王星)

들로는 스피카(Spica), 폴룩스(Pollux), 베텔게우스(Betelgeuse) 등이 있다.

다음은 하늘을 보호하는 4대 보호자인 네 항성(알데바란, 안타레스, 레굴루스, 포말하우트)을 살펴보자.

알데바란(황소의 눈)

알데바란은 '황소자리의 눈'으로 통한다. 황소자리 머리 부분에 위치한다고 하여 황소의 눈으로 불리는 것이다. 황소자리에는 플레이아데스(Pleiades) 성단이 위치하고 있고, 플레이아데스 성단의 중심별은 알키오네(Alcyone)이다. 과거 바빌로니아에서는 플레이아데스를 물(MUL)[69]이라고 불렀다. 기원전 23세기 전에는 플레이아데스가 양자리, 즉 춘분점 가까운 자리에 위치하고 있었다. 세차운동으로 현재는 쌍둥이자리에 위치하고 있다. 서양 뉴에이지 채널러(Channeler)에 의하면 인류 DNA의 기원은 플레이아데스에서 왔다고 이야기하기도 한다.

알데바란은 태양 크기의 44배이다. 알데바란은 붉은색을 띠는 별로 여러 문헌에서는 붉은 사슴, 불을 붙인 루비의 몸, 불덩어리 등으로 표현하기도 했다.

알데바란은 열네 번째로 빛나는 별이다. 알데바란은 하늘 천군의 사령관인 미카엘에 상응한다. 과거 문헌에 보면, 알데바란은 동쪽을 지키

---

[69] '별 중의 별'이란 뜻이다.

는 미카엘로 알려졌는데, 기원전 23세기 전에는 동쪽에 위치했었지만 현재(2012년 기준) 알데바란의 위치는 쌍둥이자리 9분 58초로, 북동쪽에 가깝다.

프톨레마이오스에 따르면, 알데바란은 "금성 성향+약간의 토성 성향이 결합된 기질"로 표현한다. 즉, 세련된 질서를 추구하려는 성향이 강하다. 또한 알데바란은 부와 명예의 전조를 알리는 별이자 행운의 별로 통한다. 부와 명예의 전조를 알린다는 것은 세상을 물질적 힘으로 움직일 수 있는 재물이나 지위가 주어진다는 뜻이기도 하다.

아래는 알데바란과 행성이 회합할 때의 해석이다.

알데바란이 천정점(MC)에 위치하는 경우: 위대한 명예, 승진, 행운 등 사람들의 이목을 집중시키고 호의를 받는다.

알데바란이 태양(☉)과 회합할 경우: 명예를 상징하는 태양과 사람들로부터 주목을 받는 알데바란이 만나 물질적으로 높은 명예를 얻을 수 있는 환경이 만들어지지만, 과한 것은 부족함만 못한 것처럼 명예를 잃어버릴 수 있는 위험을 내포하고 있다. 명예가 큰 만큼 책임이 따르고 시기, 질투, 다툼의 위험이 있다. 질병으로는 발열이 발생할 수 있다.

알데바란이 달(☽)과 회합할 경우: 사람들에게 호의나 인기를 얻을 수 있기 때문에 신용을 얻거나 사업에 유리한 환경을 만들 수 있다. 개인적인 사건들이 공적인 문제로 대두되거나 이슈가 되기 쉽다. 1하우스, 10하우스에서 달과 알데바란이 회합을 한다면 개인적 사건이 공적인 흐름으로 바뀌거나, 반대로 공적인 흐름이 개인적 사건에 영향을 미치거나 할 수 있다. 동시에 흉성인 화성, 토성과 함께 있다면 검이나 불에 의한 위험이 있을 수 있다.

알데바란이 수성(☿)과 회합할 경우: 주변 사람들이 도와주려 하기 때문에 좋은 정보를 받거나 주변에 배울 만한 친구들이 많다. 또한 주변의 도움으로 물질적 이득을 획득하기 쉽다. 변덕스러움이 두드러지며 왠지 모르게 불안한 마음은 가정과 건강에 영향을 미칠 수 있다.

알데바란이 금성(♀)과 회합할 경우: 세련된 감성과 인류 의식에 영향을 미칠 수 있는 문학을 통해 명예를 얻거나 음악, 예술 등 창조적 능력이 있다.

알데바란이 화성(♂)과 회합할 경우: 뛰어난 지도력을 필요로 하는 군대에서 승진에 유리하다. 그러나 사고를 책임져야 하며, 폭력적인 상황에 연루될 수 있기 때문에 많은 위험을 내포하고 있다. 또한 위기가 기회가 될 수 있다. 달과 함께 있다면 찌름에 의한 사고를 조심해야 한다. 달은 신체를 나타내고 화성은 검 또는 불기운이기 때문에 달과 화성이 만나는 것은 신경이 극도로 예민해지고 날카로움을 반영한다.

알데바란이 목성(♃)과 회합할 경우: 인간의 의식에 영향을 주는 철학자, 성직자 등에게 위대한 영광과 영예가 있으며 군인은 지휘권을 얻는다. 또한 부와 명예를 가져온다.

알데바란이 토성(♄)과 회합할 경우: 확장하려던 빛은 갑자기 수축하면서 이상한 마음이 생기기 쉽고 나쁜 생각을 품기 쉽다. 심적인 고통을 수반하기도 한다. 반면에 좋은 기억력을 가지고 능수능란한 언변 실력이 있으며 학구적이다. 때때로 변덕스러움은 손실을 가져오고, 폭풍, 난파, 익사의 위험이 있다.

알데바란이 천왕성(♅)과 회합할 경우: 과학적이며 자연을 사랑하고 공적인 영예를 얻기 쉽다. 정치적으로 성공할 수 있고 신비주의를 가지고 있다. 서서히 천천히 죽음을 맞이할 수 있다.

알데바란이 해왕성(♆)과 회합할 경우: 일반적인 가정의 행복을 누리는 것이 힘들다. 아이에게 불행이 생길 수 있고 갑작스런 사고에 휘말릴 수 있다. 이로 인해 여러 나라를 떠돌 수 있다.

안타레스(전갈의 심장)

안타레스는 전갈자리 중심에 위치한다고 하여 전갈의 심장이라 불렀다. 화성처럼 붉은빛을 띠며 화성과 비슷하거나 화성의 라이벌로 여겨지는 안타레스는 안티 아레스(Anti ares)에서 기원한다. 적색 초거성(超巨星)[70]이고 반지름은 태양의 700배에 이르며, 열여섯 번째로 밝은 별에 해당된다. 동양에서 안타레스는 심수(心宿)[71]의 심성 중 두 번째 별이라고 부른다. 화성이 역행 운동을 할 때, 안타레스 근처에서 역행한다 하여 "형혹성(熒惑星, 화성)이 심성을 지킨다"[72]라고 옛 문헌에 쓰여 있다.

프톨레마이오스는 안타레스를 화성과 목성의 성질을 품고 있다고

---

70 반지름이 태양의 수백 배가 되는 커다란 항성으로 표면 온도가 낮으므로 적색을 띤 것. 대표적인 예로는 안타레스, 베텔게우스 등이다.
71 동아시아의 별자리인 이십팔수 중 하나로, 동방청룡 7수(宿) 중 다섯 번째에 해당된다.
72 홍대용의 담헌서, 『의산문답』에 형혹수심(熒惑守心)이라고 나온다.

말하며, 대체적으로 화성(리더적)의 기질에 수성(전략적), 목성(확장적), 토성(질서적)의 성질이 첨가된 성향으로 나타낼 수 있다. 안타레스는 화성처럼 전쟁의 신에 해당되며, 인류의 진화·발전을 위한 활동 및 명성과 연관을 시킨다.

안타레스는 사람을 강인하고 호전적으로 만든다. 또한 마음의 민첩함, 전략적 능력, 담대함과 관련이 있으며, 전쟁의 신인만큼 군인에게는 중요한 별이기도 하다. 안타레스는 알데바란의 반대편에 위치하고 있다.(2012년 기준으로, 안타레스는 사수자리 9도 56, 알데바란은 쌍둥이자리 9도 58에 위치했다.)

아래는 안타레스와 행성이 회합을 할 때의 해석이다.

안타레스가 천정점(MC)에 위치하는 경우: 뛰어난 지도력을 통해 부와 명예를 얻을 수 있다. 예리한 판단력으로 결정적인 순간에 이득을 획득할 수 있다. 그러나 폭력적 상황이 발생하거나 갑작스런 질병이 발생할 수 있다.

안타레스가 태양(☉)과 회합할 경우: 안타레스의 호전성과 태양의 명예적 속성이 합해지면 에너지가 과해지면서 어떻게든 명예나 명성을 얻기 위해 종교적 위선이나 거짓 명예로 부풀려질 수 있다. 이러한 성향이 시대를 잘 만나면 군사적 승진을 이끌어낼 수도 있다. 그러나 상대의 에너지에 반응하면서 자신의 힘을 과장되게 나타내므로, 마지막에 불명예를 얻거나 파멸, 또는 배반의 위험을 내포하고 있다. 또한 폭력을 경험할 수 있고, 갑작스런 열병 또는 눈 부상을 가져올 수 있다.

안타레스가 달(☽)과 회합할 경우: 안타레스가 달과 만나면 호기심이 많아지고 변화에 유동적이게 된다. 따라서 인기를 얻고 넓은 마음을 품으며 과학과 철학에 관심을 둔다. 종교적 관념을 바꾸기 쉽고, 인기는 비즈니스에 유리하다. 겉으로는 좋아 보이지만 내부에 문제가 발생하기 쉽고 1하우스, 10하우스에 위치할 경우 명예를 얻고 출세는 하지만, 많은 위험을 내포하고 있다.

안타레스가 수성(☿)과 회합할 경우: 안타레스의 지략이 수성과 만나면 의심이 커지고 책략을 너무 쓰려 하기 때문에 평판이 안 좋고 친구를 비난하기 쉽다. 조금씩 천천히 돈을 획득하나 그 과정에 많은 어려움이 있다. 질병의 위험이 있으며 집과 관련된 죽음을 맞이하거나 반대로 집과 멀리 떨어져서 죽을 가능성이 있다. 즉, 객사(客死)하기 쉽다.

안타레스가 금성(♀)과 회합할 경우: 에너지 활력은 있으나 인기에만 연연하기 쉽고, 불성실하며 부정직하다. 자아가 강하며 이기적이다.

안타레스가 화성(♂)과 회합할 경우: 화성 성향의 안타레스와 화성이 만나는 것은 불과 불이 만나는 격이다. 성미가 급하고 친구들과 다투기 쉬우며 남 위에 군림하려는 성향이 있다. 이익을 얻는 데 상당히 유리하나 인생에 영향을 미치는 해로운 습관이 있다. 달과 같이 있다면 칼에 의한 죽음을 맞을 수 있다.

안타레스가 목성(♃)과 회합할 경우: 리더적 속성이 확장되면서 종교·철학에 열성적이며, 성직자에게 좋은 포지션이다. 인척을 통해 이득을 얻기 쉽다.

안타레스가 토성(♄)과 회합할 경우: 의심이 많아지고 주변 환경을 부정직하게 만들며 유물론적이다. 종교적 위선이 있고, 다툼을 통한 손실이 있으며, 법률 사건에 연루되거나 적과의 분쟁이 발생하기 쉽다. 많은 실패와 방해가 있다.

안타레스가 천왕성(♅)과 회합할 경우: 지략과 책략은 변칙적이고 과격하며 극단적이다. 때로는 위선적이고 거짓과 과장으로 포장되며, 극단적 사회주의자이다. 폭동과 선동을 유도하며 아나키스트적인 성향을 가지고 있다. 이러한 극단적 성향은 투옥의 위험이 있으며, 때때로 빈곤을 경험하기도 하다. 친척과 불협화음하기 쉽고, 아이의 불행이 생길 수 있다.

안타레스가 해왕성(♆)과 회합할 경우: 주변 환경 에너지에 예민하고 때로는 교활하며 불균형하고 건강하지 않은 정신을 가지고 있다. 외관상으로는 거리낌 없이 보이나 비밀주의자이다. 곤란한 일에 연루되면서 나쁜 환경이 조성되며, 예기치 않은 죽음을 맞이하거나 배신당할 수 있다.

포말하우트(물고기의 입)

포말하우트(Fomalhaut)는 남쪽 물고기자리[73] 입 근처에 있는 불그스름한 별이다. 프톨레마이오스에 의하면 포말하우트는 금성과 수성의 성질을 가지고 있다. 포말하우트는 해왕성의 영향력을 가진 금성–수성으로 나타낼 수 있으며, 영적인 현상을 형상화하면서 물질화시키는 힘이 있다. 전체 우주의 구조에 따라서 좋고 나쁨의 변수가 꽤 나타난다.

---

73 물고기자리와 혼동하지 말 것.

포말하우트의 점성학적 효과로는 부와 권능의 전조 그리고 고귀함으로 표현된다. 포말하우트는 수성과 회합할 때 영향력이 더욱 커진다. 정신 기능을 더욱 자극하고, 과학자 또는 작가로서의 성공을 보장한다. 상승궁에서 좋은 각을 받으면, 명성을 얻거나 영원히 기억되는 효과를 갖는다. 금성 회합일 때는 예술적인 일에서 장점을 얻으며, 목성 회합일 때는 교회의 고위 성직자에게 호의를 불러일으킨다.(2012년 기준으로, 포말하우트는 물고기자리 4도 02에 위치했다.)

아래는 포말하우트와 행성이 회합할 때의 해석이다.

포말하우트가 상승점(AC), 천정점(MC)에 위치하는 경우: 위대한 명예와 인기가 지속된다.

포말하우트가 태양(☉)과 회합할 경우: 유산 상속을 얻지만 비생산적인 소비 형태를 보이면서 낭비할 수 있다. 급 낮은 동료에게 쉽게 흔들리고, 범죄 위탁의 경험을 하기 쉬우며, 독 있는 생물에게 물릴 위험이 있다.

포말하우트가 달(☽)과 회합할 경우: 많은 분쟁과 원한을 사는 비밀 비즈니스를 할 수 있고, 많은 어려움 후에 비로소 원하는 결과를 얻어낼 수 있다.

포말하우트가 수성(☿)과 회합할 경우: 손실과 실망이 생기고 비즈니스에서 불행이 따르며 지배하기보다는 지배받는 위치에 처한다. 정보를 전달하는 과정에서 발생하는 어려움이 있을 수 있다. 작곡가로서 성공할 가능성은 내포하고 있다.

포말하우트가 금성(♀)과 회합할 경우: 말 못할 연애 혹은 비밀연애를 하기 쉽고 열정적인 사랑 사건에 빠지기 쉽다. 삶이 속박당하거나 쉽게 타락할 수 있다.

포말하우트가 화성(♂)과 회합할 경우: 원한을 품기 쉽고 복수심에 불타며 숨겨둔 비밀이 많다. 악의가 있고 불명예와 파멸의 위험이 있다. 무엇이든 열정적으로 접근한다. 독생물의 위험이 있다.

포말하우트가 목성(♃)과 회합할 경우: 동정과 자비가 있다. 교회 안에서의 영예를 얻고, 프리메이슨이나 비밀조직에 가입할 수 있으며, 많은 항해를 경험한다.

포말하우트가 토성(♄)과 회합할 경우: 재난과 사고 위험이 있고, 폐나 호흡기에 영향을 주는 가벼운 질병이 생길 수 있다. 친구나 적을 통한 손실을 보거나, 동료나 그룹과 관련된 복잡한 사건에 엮이기 쉽다. 그릇된 비난을 하기 쉽고, 가족을 속이며, 갑작스런 죽음과 같은 삶의 종말과 관련된 사건에 연루된다.

포말하우트가 천왕성(♅)과 회합할 경우: 마음이 불안정하고 나쁜 환경을 만든다. 재능을 낭비하고 비실용적 생각을 하기 쉽다. 새로운 유토피아의 음모에 빠지고 친구를 통한 손실을 가져오며, 괴로운 결혼생활을 하거나 불행한 제휴를 맺을 수 있다. 치명적 전기 폭발 사고를 경험할 수 있다.

포말하우트가 해왕성(♆)과 회합할 경우: 예민하고 날카로우며 탐정능력이 있다. 비밀주의적 성향이 있으며 비밀스러운 일과 연결된 정부의 일을 할 수 있으며, 오컬트에 관심이 있다, 약간의 눈속임을 잘하고, 투기를 통해 이득을 얻을 수 있다. 배우자의 죽음 또는 비밀 적을 통한 폭력적인 상황을 경험하거나, 힘든 탈출을 경험할 수 있다.

레굴루스(사자의 심장)

레굴루스(Regulus)는 사자자리의 가장 밝은 별로, 사자자리의 심장 부분에 위치한다. 레굴루스는 하나의 항성이 아니라 삼중성계(三重星系)[74]이다. 하나의 쌍성계가 다시 하나의 항성을 공전하고 있는 방식이다.

사자자리의 상징이 영광과 명예이듯, 레굴루스는 부와 권력 그리고 영광과 관련이 있다. 실제로 알데바란(태양의 44배)과 안타레스(태양의 700배)는 거대한 크기의 지름을 가지고 있는 항성인 반면에, 포말하우트와 레굴루스는 태양과 비슷한 정도이다.

레굴루스는 2012년에 처녀자리에 들어왔다. 문헌에는 기원전 156년에 레굴루스가 사자자리에 있었다고 나온다.

프톨레마이오스에 의하면, 레굴루스는 화성과 목성의 특징을 지니고 있다. 또한 황도 근처에 위치한다.

레굴루스는 사자자리 속성인 왕의 속성을 강하게 띠고 있다. 왕의 기질인 고결한 정신과 용감함을 내포하고 있다. 화성과 목성의 특질을 극대화하기 때문에 긍정적으로 작용하면 고상하고 강한 정신이 발현된다. 그리고 도량이 크며 이상과 야망이 크고 웅장하다. 권력적인 것을

---

[74] 세 개의 별이 서로 뭉쳐서 도는 것이다. 삼중성은 별 하나하나가 항성이기 때문에 태양이 세 개 뭉쳐 있는 것과 같다.

좋아하고 높은 정신과 독립성을 추구한다.

어떤 점성가는 레굴루스가 10하우스에 위치하면 왕실의 점성가가 될 수 있다고 이야기하기도 한다. 레굴루스는 높은 지위, 신임, 승진과 연관이 있다. 부정적인 측면으로는 갑작스럽게 얻은 지위나 권력을 갑작스럽게 잃을 수 있다.

아래는 레굴루스와 행성이 회합을 할 때의 해석이다.

레굴루스가 상승점(AC)에 위치하는 경우: 위대한 부와 영광을 타고났지만 폭력에 노출되기 쉽고 적이 생기기 쉽다. 발열과 급성질환의 위험을 내포하고 있다.

레굴루스가 천정점(MC)에 위치하는 경우: MC 근처에 위치하면, 타고난 환경보다 높은 지위에 오르거나 혹은 자신의 그릇 크기를 초과한 환경에 태어날 수 있다. 법률가, 공직자, 은행가, 성직자와 연결될 수 있는 좋은 위치이며, 군 경력에 좋은 징조를 준다. 또한 통치자, 존경하는 사람, 유명한 사람들과 연결될 수 있다. 레굴루스가 목성과 결합될 때 최고의 성공을 가져온다.

레굴루스가 태양(☉)과 회합할 경우: 부와 영예를 얻고, 힘과 권위를 얻으며 친구들에게 큰 영향력을 행사한다. 그러나 폭력과 곤란함을 겪을 수 있고, 궁극적으로 불명예와 파멸이 발생할 수 있다. 드물게는 마지막에 이득을 얻기도 한다.

레굴루스가 달(☽)과 회합할 경우: 오컬트에 관심이 있고 힘 있는 친구를 만들기 쉽지만, 적으로부터의 위험이 도사리고, 나쁜 친구들과 어울리기 쉽다. 투기에 의한 재물의 획득, 큰 힘과 영예 그리고 부를 얻을 수 있으며, 여성은 독립적이고 씩씩하다.

레굴루스가 수성(☿)과 회합할 경우: 높은 지위를 획득하고 인기가 있으나 반대하는 자에게는 욕을 먹을 수 있다.

레굴루스가 금성(♀)과 회합할 경우: 폭력적 애착, 예기치 않은 사건에 연루되거나 애정 사건을 통한 곤란함을 겪을 수 있다.

레굴루스가 화성(♂)과 회합할 경우: 명성과 평판이 좋고, 공직에서 강하고 탁월한 캐릭터를 가지고 있으며, 높은 지위에서 군을 지휘한다.

레굴루스가 목성(♃)과 회합할 경우: 평판이 좋고 승진에 유리하며, 리더십이 있고, 종교적으로 성공할 가능성이 높다.

레굴루스가 토성(♄)과 회합할 경우: 법률계나 종교계에서 성공이 유리하고 학자적이다. 성직자 친구들이 많으며, 투기를 통한 이득을 얻을 수 있다. 가정에 대한 자부심이 있고 건강한 편이다. 나이가 들어 심장에 문제가 생기기 쉽다.

레굴루스가 천왕성(♅)과 회합할 경우: 정력적이고 패기만만하다. 사업을 위해 종교를 이용하기도 하며, 투기나 동료를 통한 이득을 얻으려 한다. 자기를 과대포장하고, 상류층을 위한 브로커가 되기 쉽다. 결혼에는 유리하나 자식 문제가 생기기 쉽다. 퇴직 후 은둔하거나 종국에는 친구가 적이 될 수 있다.

레굴루스가 해왕성(♆)과 회합할 경우: 탁월한 지도력이 있으며 법을 만들고, 외교적 수완이 강하다. 캐릭터가 강하고 다른 사람들을 지배하려 하고 친구들에게 영향력을 미친다. 나이가 들어 자연적 죽음을 맞이할 수 있다.

기타 로얄 스타 중 스피카

스피카는 처녀자리에서 가장 밝게 빛나는 별로, 청색의 거성이다. 밤하늘에 열다섯 번째로 밝은 쌍성이다. 고대 이집트의 테베에 있는 하토르 신전은 스피카에 방위를 맞추었다는 이야기가 있다. 이후 세차운동으로 스피카와 신전의 방위가 어긋나자, 세차운동을 위한 연구 자료가 되기도 했다. 스피카(Spica)라는 이름은 '처녀의 이삭'이라는 뜻을 가지고 있다. 스피카는 쌍성으로 두 개의 행성이 가깝게 붙어 있다. 매우 가깝게 붙어 있기 때문에 하나처럼 보이는 것이다.

스피카는 물질을 이루는 기본 에너지와 관련이 있다. 밀알, 이삭, 씨앗과 관련이 있으며, 물질의 원천이 되기도 한다. 그래서 스피카는 물질적 부와 성공을 선사하는 행운의 별로 알려져 있다. 스피카는 수성과 약간의 화성처럼 움직인다. 영향력에 있어서는 수성과 적당한 정도의 금성처럼 작용한다. 재물과 부가 따르며 예술과 과학을 사랑하고, 물질적 이득과 행운을 준다. 부정적인 측면으로는 부도덕하고, 불법을 저지를 수 있다.(2012년 기준으로, 스피카는 천칭자리 24도 01에 위치했다.)

스피카가 상승점(AC)과 천정점(MC)에 위치할 경우: 무한한 행운과 행복을 선사하고, 교회나 조직에서의 승진 또는 예기치 않은 부와 명예를 가져온다.

스피카가 태양(☉)과 회합할 경우: 중요한 관직에 최후 발탁되거나 막대한 부를 획득하기 쉽고, 위대한 존엄을 얻을 수 있다. 부모와 아이들에게는 큰 행복감을 선사하고, 친구들의 도움이 있으며, 법률과 정부의 호의를 받을 수 있다.

스피카가 달(☽)과 회합할 경우: 발명을 통한 이득을 얻거나 성공과 부 그리고 영예를 얻을 수 있다. 금성 또는 목성 사람들의 도움을 받을 수 있다.

스피카가 수성(☿)과 회합할 경우: 외모가 좋고 단정하며 머리가 매우 영리하고 독창적이다. 투자를 통한 이득을 얻거나 책임 있는 위치를 점할 수 있다.

스피카가 금성(♀)과 회합할 경우: 친구를 통한 이득을 얻거나 사회적 성공을 할 수 있다. 그러나 잘못된 친구들과 어울리기 쉽다.

스피카가 화성(♂)과 회합할 경우: 좋은 판단력과 빠른 의사결정으로 사회적 성공과 인기를 쟁취할 수 있다. 그러나 논쟁 가운데 폭력으로 발전될 수 있다.

스피카가 목성(♃)과 회합할 경우: 교회나 법률 조직에서 명예를 얻거나 승진에 유리하고, 사회적 성공을 가져오며, 인기가 좋다.

스피카가 토성(♄)과 회합할 경우: 의심이 많고 예민하며 무뚝뚝하지만, 이야기 재주꾼이라 친구가 많고 인기가 있다. 오컬트에 관심이 많고, 유산을 통한 이득을 얻을 수 있다. 자신의 지배권 안에서는 유리하게 작용한다.

스피카가 천왕성(♅)과 회합할 경우: 영매로서의 인기가 있다. 장식품이나 비싼 물건을 연결하는 비즈니스를 할 수 있고, 결혼을 통해 이득을 얻을 수 있다.

스피카가 해왕성(♆)과 회합할 경우: 물질적 환경을 잘 타고나서 주변에 동료가 많고, 인생을 편안하게 보낼 수 있다. 유산을 통한 이득을 얻어 사치스러운 생활을 영위할 수 있으나, 명이 짧을 수 있다.

이상 몇 가지 중요한 항성들을 살펴보았다. 항성의 힘은 광범위하고 포괄적이며 인류적이다. 신적인 차원에서 인류의 흐름을 바꾸어놓을 때 항성의 힘이 영향을 미친다. 그래서 항성은 국가적인 문제나 혹은 전체 흐름에 영향을 미치는 큰 인물, 예를 들어 왕이나 지도자, 시대적 흐름에 영향을 미치는 영웅, 혹은 천재 그리고 인간의 관념을 부수는 미치광이들과 연관시킬 수 있다.

세상의 흐름을 바꿀 때는 특정 사명을 가진 인물들이 세상에 내려오고 이들은 인간 의식의 관념을 부수기도 하고, 새로운 관념을 장착시키기도 한다. 이들은 시대적 변화를 선도하는 에너지를 가지고 태어나는 사람들이다. 또한 선과 악을 초월하여 하늘의 임무를 부여받은 사자들이다. 세상을 움직일 만한 큰 힘을 가지고 내려오기 때문에 이들은 항성의 힘을 부여받는다.

항성의 힘은 때때로 거대한 부를 안겨주기도 하고, 뛰어난 아이디어를 선사하기도 하며, 폭력적인 사건 사고를 불러오기도 한다. 또한 국가와 국가가 충돌하는 전쟁에 영향을 미치기도 하고, 대자연의 변화를 유도하면서 인간의 의식을 이끌어간다.

항성의 힘은 인간의 탄생 그리고 죽음과 연관이 있다. 인간이 탄생하고 죽는 것은 마치 별이 탄생하고 죽는 것과 유사하기 때문이다. 탄생은 저생의 에너지를 가져오는 신성한 순간이고, 죽음은 이생의 에너지를 저생으로 운반하는 경건한 순간이다.

이제 항성의 시대가 열리고 있다.
인류가 새로운 미래를 위해 도약을 준비하고 있다.

맺음말

점성학 책을 마치며

　이 책은 점성학을 연구할 누군가를 위해 다리를 놓는 책이 되길 바란다. 나 또한 고대로부터 이 길을 닦아놓은 수많은 점성가들의 발자취를 따라갔고, 거기에 나의 연구가 덧붙여졌으며, 이제는 내가 걸어간 길을 누군가도 따라올 것이다.
　이 책이 나오기까지 세상에 나온 모든 인류의 지식에 감사하며, 먼저 길을 닦아놓은 분들의 수많은 피와 땀, 그리고 연구의 과정 속에 희생된 유·무형의 많은 것들에게 무한한 감사의 에너지를 돌린다.
　점성학이라는 프로그램이 나오기까지, 수많은 연구 속에 탄생된 편리함을 우리는 그저 원래부터 있던 것처럼 쓰고 있지만 우리는 누군가의 피와 땀이 들어간 연구결과를 마주하고 있는 것이다. 그래서 제대로 된 점성가라면 인류가 그동안 흘려온 피와 땀의 노고를 우리가 누리고 활용하고 있음을 분명히 알고, 우리 또한 후대를 위한 다리를 놓고 가야 하는 책임감을 느낄 것이다.

　점성학의 길은 좁고 긴 터널과 같다. 한 줄기 가냘픈 빛을 따라가지만 어디가 길인지, 어디가 길이 아닌지 스스로 연구하면서 길을 만들어 가는 것과 같다.

나는 점성학을 시작할 때, 삶의 막다른 골목에서 하나의 문이 열리듯, 점성학의 길로 들어서게 되었다. 점성학을 통해 많은 사람들과 교류하면서 인간의 카르마에 대해 많은 것을 이해하고 배우게 되었다. 그 과정에서 점성학은 인간의 욕망을 채워주는 도구가 아니라, 인간을 깨달음으로 인도하는 지표라는 것을 깨달았다.

점성학은 하나의 방편에 불과하다. 점성학이라는 도구를 통해 사람과 사람이 만나고, 나의 에너지를 상대에게 내어주기도 하고, 길을 안내하기도 하며, 때론 신의 언어를 전달하기도 한다.

모든 학문의 목적은 '인간 완성'에 그 근본을 두고 있다. 점성학도 마찬가지로 인간을 이해하기 위한 도구로써 사용되는 것이며, 이를 통해 무엇을 깨달을 것인가에 초점을 맞추어야 한다. 단순히 재물이 언제 들어오고, 언제 안 좋은 일이 생기는지 등 기복적인 행위를 바라기보다는 인간의 내면과 인간의 행위를 연구하는 연구 자료가 되어야 할 것이다.

따라서 이 책을 읽고 내가 걸었던 그 길을 걷고자 하는 사람이 있다면, 점성학을 점성술로 격하시키지 말고, 인간을 연구하는 하나의 학문으로서 점성학을 대하길 바라는 바이다. 인간의 기복을 점치는 도구가 되는 순간, 점성학은 점성술이 되어버리고, 사람들은 맞냐 틀리냐를 논하게 되고, 더 큰 깨달음으로 가는 길을 방해하는 결계가 되어버린다.

이 책이 인간의 카르마와 인간의 행위를 연구하고자 하는 사람들에게 도움이 되길 바라며, 단순한 기복 신앙을 위한 지침서가 되는 것을 원치 않는다.

점성학은 판도라의 상자와 같다. 판도라의 상자를 연다는 것은 누군가에게는 독이 되기도 하고, 또 누군가에게는 인생의 큰 선물을 선사해주기도 한다. 운이 안 좋다고 상심할 필요도 없고, 운이 좋다고 좋아할 필요도 없다. 운은 돌고 돌기 때문이다. 그렇지만 막무가내로 운만 바라면 안 된다.

안 좋은 일을 피해가고 싶은 것은 인간의 본능 중 하나이다. 그러나 안 좋은 일이란 자신이 이제껏 행해온 행위의 결과가 나타나는 것이기 때문에 자신에게 닥친 어려움을 어떻게든 바르게 돌리느냐가 관건이다.

자신의 습관 또는 행위가 쌓이고 쌓여 어느 임계치에 다다르면 사건 사고가 발생한다. 사건이 발생할 때는 어이없게 발생하는 듯 보이지만, 물이 가득 찬 그릇에 한 방울의 물방울이 떨어지면 그때서야 비로소 물이 넘치는 것과 같은 원리이다.

따라서 어려움이나 고비가 닥쳤다는 것은 자기 인생의 오류를 그냥 방치한 결과로 발생하는 것이기 때문에 자신의 모순을 파악하고 제대로 돌리는 것이 중요하다. 자신의 모순은 잘 보이지 않기 때문에 이때 타인의 도움을 받는 것이다. 나에게 이러한 모순점을 알려주는 사람은 신의 전달자로 다가온다. 때론 가족이, 때론 가까운 친구가, 때론 상담사가 나에게 신의 언어를 전달해줄 수 있다. 그때 상대의 말을 깊이 새겨 자기 인생의 거름으로 삼는다면 그의 인생은 다시 바르게 되돌려질 것이다.

  차로 운전을 하면서 길이 아닌 곳에 들어갔을 때, 빠르게 다시 되돌려 운전할 수 있게 조언해줄 수 있는 지침 또는 지표로 삼을 수 있는 것이 바로 점성학이다. 점성학은 욕심이나 욕망을 채워주는 도구가 아니라, 자신의 모순점을 빠르게 잡을 수 있도록 도와주는 나침판과 같다. 별자리 지표를 따라 여행자가 길을 찾듯, 점성학은 인생이라는 여행에 길을 찾는 별자리가 되어줄 것이다. 이 책을 통해서 자신을 바르게 바라보고, 나와 내 주변 그리고 나를 둘러싸고 있는 에너지들을 이해할 수 있는 기회가 되길 바라며 이 책을 마친다.

- END -

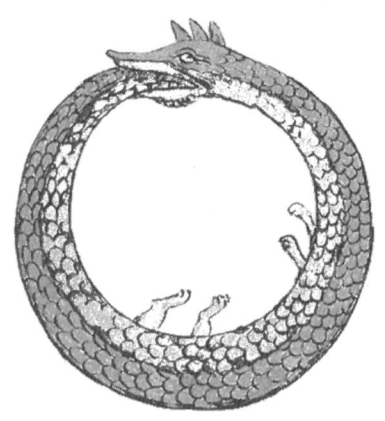

"위에서와 같이 아래에서도."

참고문헌

윌리엄 릴리, 『크리스천 점성술 1·2·3』, 좋은글방, 2007.

유기천, 『인간의 점성학 1·2』, 정신세계사, 2002.

비비안 롭슨, 『성을 위한 점성술』, 좋은글방, 2008.

프톨레마이오스의 저서: Claudius Ptolemy, 『테트라비블로스(Tetrabiblos)』, Harvard University Press, 1940.

점성학적 자료 모음 사이트: http://www.astrologyweekly.com/

차트 사례를 볼 수 있는 곳: http://www.astrotheme.com/

항성을 정리해놓은 곳: http://www.constellationsofwords.com/

차트 프로그램을 다운로드할 수 있는 곳: http://www.astrolog.org

개념 정리에 도움을 받을 수 있는 곳: 위키백과